老子

北京时代华文书局

老子

目录

【道经】

- 【01】 …………… 002
- 【02】 …………… 004
- 【03】 …………… 006
- 【04】 …………… 008
- 【05】 …………… 010
- 【06】 …………… 012
- 【07】 …………… 014
- 【08】 …………… 016
- 【09】 …………… 018
- 【10】 …………… 020
- 【11】 …………… 023
- 【12】 …………… 026
- 【13】 …………… 029
- 【14】 …………… 032
- 【15】 …………… 035
- 【16】 …………… 038
- 【17】 …………… 041
- 【18】 …………… 043
- 【19】 …………… 045
- 【20】 …………… 047
- 【21】 …………… 051
- 【22】 …………… 054
- 【23】 …………… 057

【24】 …………… 060
【25】 …………… 062
【26】 …………… 065
【27】 …………… 067
【28】 …………… 070
【29】 …………… 073
【30】 …………… 076
【31】 …………… 079
【32】 …………… 082
【33】 …………… 084
【34】 …………… 086
【35】 …………… 089
【36】 …………… 091
【37】 …………… 093

【德经】

【38】 …………… 096

【39】 …………… 099
【40】 …………… 102
【41】 …………… 104
【42】 …………… 107
【43】 …………… 110
【44】 …………… 112
【45】 …………… 114
【46】 …………… 116
【47】 …………… 118
【48】 …………… 120
【49】 …………… 122
【50】 …………… 124
【51】 …………… 127
【52】 …………… 129
【53】 …………… 132
【54】 …………… 134

【55】	136	【71】	172
【56】	138	【72】	174
【57】	140	【73】	176
【58】	142	【74】	178
【59】	145	【75】	180
【60】	147	【76】	182
【61】	149	【77】	184
【62】	151	【78】	187
【63】	153	【79】	189
【64】	156	【80】	191
【65】	159	【81】	193
【66】	161		
【67】	163		
【68】	166		
【69】	168		
【70】	170		

▲ 老子骑牛画

▲ 庄生游逍遥　老子守元默

老子

道可道非常道名可名非常名無名天地之始
有名萬物之母常無欲以觀其妙常有欲以觀
其徼此兩者同出而異名同謂之玄玄之又玄眾
妙之門
天下皆知美之為美斯惡已皆知善之為善斯不
善已故有無之相生難易之相成長短之相形高
下之相傾音聲之相和前後之相隨是以聖人處

▲ 老子－元－赵孟頫·书

上篇 道经

01

【原文】

　　道可道，非常道❶；名可名，非常名❷。无名❸，天地之始❹；有名，万物之母❺，故常❻无欲，以观其妙❼，常有欲，以观其徼❽。此两者同出而异名，同谓❾之玄。玄之又玄❿，众妙之门⓫。

【章旨】

　　老子第一次提出"道"这个概念，作为自己哲学体系的核心。它是天地万物的本源，微妙玄虚。其含义博大精深，可以从历史的角度来认识，也可以从文学的方面去理解，还可以用美学原理去探求，更应以哲学体系的辩证法去思维。它不具有任何质的形式，是一种神秘的精神实体。因此说这一章是《道经》的总纲。

【注释】

❶第一个、第三个"道"是名词，指的是宇宙的本原和实质，引申为原理、法则、规律等。第二个"道"为动词，是解说、

阐述的意思，犹言"说得出"。❷第一个、第三个"名"是名词，概念，指"道"的形态。第二个"名"是动词，命名，称谓，犹言"叫得出"，说明的意思。❸名：动词，表述，说明。❹始：本初，原始。❺母：母体，本原，根源。❻常：亘古不变，永恒。❼妙：微妙。❽徼（jiào）：边际，边界。引申为端倪。❾谓：称谓。此为"指称"。❿玄：深黑色，玄妙幽深。这是《老子》中的一个重要概念，有深远、看不见的神秘意思。⓫门：一切奥妙变化的总门径，此用来比喻宇宙万物的唯一本原"道"的门径。

【译文】

"道"，如果可以说得出，那它就不是永恒的道；"名"，如果可以叫得出，那它就不是永恒的名。"无"，用以称述天地之初始；"有"，用以称述万物之本原。所以，应该从万物永恒的原始状态中去观察"道"的微妙，应该从万物不变的根本之处去观察"道"的端倪。这"有""无"二者，同出一源而名称互异，它们都称得上是玄妙幽深的，从有形的深远境界到达无形的深远境界，玄妙而又玄妙，这就是通向一切奥妙神秘的总门径。

02

【原文】

　　天下皆知美之为美，斯❶恶已❷；皆知善之为善，斯不善已。故有无相❸生，难易相成，长短相较❹，高下相倾❺，音声相和❻，前后相随。是以圣人处无为之事❼，行不言之教，万物作❽焉而不辞，生而不有，为而不恃，功成而弗❾居。夫唯弗居，是以不去。

【章旨】

　　本章讲述了相反相成、互相转化的道理，重在治国。其内容分为两个部分。第一部分阐述一切事物的存在都具有相互依存、互相补充的关系，美与恶、善与不善、有与无、难与易、长与短、高与下等等，离开前者则后者不存在，离开后者则前者不成立，这集中鲜明地体现了老子朴素的辩证法思想。他通过日常的社会现象与自然现象，阐述了世间万物相互作用的关系，论说了对立统一的规律，确认了对立统一是永恒的、普遍的法则。

　　在前一层意思的基础上，后一部分提到"处无为之事，行不言之教"云云，提倡顺应自然的发展，不加入自己的意志和私欲，不争功名。

【注释】

❶斯：则，就。❷恶已：恶，丑陋，与美相反。已，通"矣"，表示肯定的语气词，相当于"了"。❸相：互相。❹较：比较，显现。❺倾：依靠，依存。❻和：应和。❼圣人处无为之事：圣人用无为的方式处事。圣人，古时人所推崇的最高层次的典范人物。处，担当，担任。无为，不妄为，顺应自然，不加干涉，不必管束，无为而治。❽作：兴起。❾弗：不。

【译文】

天下人都知道美好的东西是美好的，也就知道丑了；天下的人都知道善良的东西是善良的，也就知道不善了。所以有和无互相依存，难和易相反相成，长和短互相对比，高和下互相依靠，音与声互相和谐，前和后互相接随。这是永恒的现象。因此圣人用无为的方式对待世事，用不言的方式施行教化，听任万物自然兴起而不为其创始，有所施为，但不加自己的倾向，功成而不自居。正因为不居功，所以就无所谓失去功，因为他的功绩永存。

03

【原文】

不尚贤❶，使民不争；不贵❷难得之货❸，使民不为盗❹；不见❺可欲，使民心不乱。是以圣人之治，虚❻其心，实❼其腹，弱❽其志，强❾其骨，恒使民无知无欲，使夫智者不敢❿为也。为无为，则无不治⓫。

【章旨】

本章阐发无为而治的思想。在这一章里，老子主张"不尚贤""使民无知无欲"，他要人们回到一种"无为"境界。他认为，现实社会中统治者崇尚贤能、占有珠宝、炫耀物欲，是扰乱人心的根源。所以圣人治理天下，要使百姓心无所求，使其腹中有食物（不致饥饿），使其思想单纯，让百姓没有太复杂的思想，没有未满足的欲望，使聪明人都不敢有所作为，这样回到质朴醇厚的状态，才能无为而治。

老子看到了古代社会现实动乱不安、矛盾突出，这是由于差别的存在。老子想用减少差别的方式,来减轻或避免社会矛盾。

【注释】

❶尚贤:尚,即崇尚,尊崇。贤,有德行、有才能的人。"尚贤"是墨家的主张。《墨子·尚贤上》曰:"夫尚贤者,政之本也。"❷贵:以之为贵,珍爱。❸货:财物。❹盗:窃取财物。❺见(xiàn):同"现",显现,炫耀。❻虚:空虚,这里是使动用法,使……空虚。❼实:使……填饱,充实。❽弱:使……削弱,减损。❾强:使……强壮。❿敢:进取。⓫治:治理。此意是治理得天下太平。

【译文】

不推崇有才德的人,使老百姓不互相争夺;不珍爱难得的财物,使老百姓不去偷窃;不显耀足以引起贪心的事物,使百姓思想不被惑乱。因此,圣人治理天下,在于使人们心灵空虚,使百姓填饱肚腹,使人们的志气弱小,使百姓的筋骨强健,总是使人们没有心智,没有欲望,才能使那些聪明的人也不敢有所作为。圣人用"无为"的方式处理事务,顺应自然,那么,天下就没有不能治理的。

04

【原文】

　　道冲❶，而用之或❷不盈❸。渊❹兮似万物之宗❺。锉其锐❻，解其纷❼，和其光❽，同其尘❾。湛❿兮似或存⓫。吾不知谁之子，象帝之先⓬。

【章旨】

　　这一章是对"道"的描述和赞颂，指出道空虚深邃，用之不竭。承接第一章内容"无形"，老子称颂"道"虽然虚不见形，但不是空无所有。从空间的角度谈，"道"是无限博大，用之不尽；再从时间的角度谈，"道"又是无限深远，无以追溯其来历，它好像是自然万物的祖宗，又好像是天帝的祖先。以此说来，不是天帝造物，而是"道"生天帝，继生万物。"道"空虚无形，却比创造万物的上帝更根本，"道"的作用是宇宙间至高无上的主宰。

【注释】

❶冲：无、空。同"盅"(zhōng)。器虚，虚中之虚。❷或：有的。❸盈：满，引申为尽。❹渊：深远。❺宗：祖宗，根源。❻锉其锐：消磨掉它的锐气。锉，消磨，折去。锐，锐利，锋利。❼解其纷：消解掉它的纠纷。❽和其光：调和隐蔽它的光芒。❾同其尘：把自己混同于尘俗。以上四个"其"字，都是说的道本身的属性。❿湛：沉没，引申为隐约的意思。段玉裁在《说文解字注》中说，古书中"浮沈"的"沈"多写作"湛"。"湛""沉"古代读音相同。这里用来形容"道"隐没于冥暗之中，不见形迹。⓫似或存：似乎存在。连同上文"湛呵"，形容"道"若无若存。⓬象：似。

【译文】

"道"是空虚无形的，而其作用又是无穷无尽的。它是那样的深邃啊，好像万物的主宰。掩损、消磨它的锐利、锋芒，排解自己的纷扰，隐蔽、调和自己的光芒，把自己混同于尘垢之中。它是那样的无形无象，隐没不见，又好像实际存在，我不知道它是谁家之子，它好像是天帝的祖先。

05

【原文】

　　天地不仁，以万物为刍狗❶；圣人不仁，以百姓为刍狗。天地之间，其犹橐籥乎❷？虚而不屈❸，动而愈出❹。多言数穷❺，不如守中❻。

【章旨】

　　本章也是承上章对"道冲"做进一步论述。这里由"天道"以论"人道"，由"自然"以推论"社会"，在哲学上是在特殊性中推出普遍性，核心思想是阐述清静无为的好处。

　　本章用具体比喻说明如何认识自然和正确对待自然，论述天地本属自然，社会要顺乎自然，保持虚静，比喻鲜明生动。

【注释】

❶ 刍（chú）狗：用草扎成的狗。古代专用于祭祀之中，祭祀完毕，就把它扔掉或烧掉。天地以万物为刍狗，是说天地对

万物无憎无爱,任其自然生成或毁灭。❷犹橐籥(tuó yuè):犹,比喻词,"如同""好像"。橐籥,风箱,由两部分构成,古代冶炼时为炉火鼓风用的助燃器具:袋囊和送风管。❸屈:竭,尽。❹愈:更加的意思。❺多言数穷:政令繁多而屡次失败。老子认为,见多识广,有了智慧,反而政令烦苛,破坏了天道。数,通"速",是加快的意思。穷,困穷,穷尽到头,无路可行。❻中:通"冲",空虚。

【译文】

天地没有偏爱,对待万物像对待刍狗一样,全凭万物自然生长;圣人也没有偏爱,对待百姓也像对待"刍狗"一样,全靠百姓自己成长。天地之间,不正像风箱一样吗?空虚而不穷尽,愈鼓动风就愈多生出。政令太多,往往失败,还不如保持内心的清静,坚守空虚无为。

06

【原文】

谷神不死❶，是谓玄牝❷，玄牝之门❸，是谓天地根。绵绵❹若❺存，用之不勤❻。

【章旨】

本章以谷神为喻，描述和颂扬"道"的意义和功能。"道"如同谷神，微妙的母体、天地的根本，它永恒存在，它是支配万物发展变化的主宰，空虚不盈，因应无穷，孕育万物，生生不息，运动不止而不知辛劳。从时间而言，它历久不衰，天长地久；从空间而言，它无处不在，无穷无尽。论述"道"是宇宙万物的根本，它孕育着宇宙万物而生生不息。这是对道的赞美，也是对伟大母性的颂歌！

【注释】

❶谷神：据高亨说，谷神者，道之别名也。谷读为穀，《尔雅·释言》："穀，养也。"谷神者，生养之神，即生养天地万物的神灵。❷玄牝（pìn）：玄，本义是深黑色，是在《老

子》书中经常出现的重要概念,有深远、神秘、微妙难测的意思。牝,本义是雌性的兽类动物,这里借喻具有无限造物能力的"道"。玄牝,指玄妙的母性。这里指孕育和生养出天地万物的母体。❸门:指产门。比喻造化天地、生育万物的根源。❹绵绵:连绵不绝的样子。❺若存:据宋代苏辙解释,是实际存在却无法看到的意思。若,如此,这样。❻勤:作"尽"讲。

【译文】

生养天地万物的道(谷神)永远不停息,这是玄妙的母体。玄妙母体的生育之产门,就是天地的根本、万物的根源,连绵不绝。它就是这样不断地永存,运行而不知疲倦。

07

【原义】

　　天长地久。天地之所以能长且久者，以其不自生❶，故能长生❷。是以圣人后❸其身❹而身先❺，外❻其身而身存❼，非以其无私邪❽？故能成❾其私❿。

【章旨】

　　本章也是由天道推论人道，反映了老子以退为进的思想主张，重在修身。老子认为，天地由于"无私"而长存永在，人间"圣人"由于无私而成就自我。

　　老子用朴素辩证法的观点，说明利他（"后其身""外其身"）和利己（"身先""身存"）是辩证统一的，要想"身先"须"后其身"，要想"身存"须"外其身"，即利他往往能转化为利己。老子想以此说服人们都来利他，这种谦退无私精神，有积极的意义。

　　全书的观点是"无为"，最终达到"无所不为"的目的，故称老子学说为"君人南面之术"。

【注释】

❶以其不自生：因为它不为自己生存。以，因为。生，生存。❷生：当作"久"，与前文相应。❸后：方位词作动词，使……后。❹身：自身，自己。以下三个"身"字同。❺先：居先，占据了前位。此是高居人上的意思。❻外：是方位名词作动词用，使动用法，这里是置之度外的意思。❼存：保存，存在。❽邪：助词，表示疑问的语气。❾成：成就。❿私：自私。

【译文】

天地是长久存在的。天地之所以能长久存在，是因为天地不为了自己的生存而自然地运行着，所以能够长久生存。因此，圣人把自己置于众人之后，反而能得到众人的推崇而领先；将自身生命置之度外，反而能保全自己。这正是因为他无私，所以能成就自己。所以没有可失去的，从而成就自己的私。

08

【原文】

上❶善❷若水。水善❸利万物而不争❹,处众人之所恶❺,故几❻于道。居善地❼,心善渊❽,与善仁❾,言善信❿,正善治⓫,事善能⓬,动善时⓭。夫唯不争,故无尤⓮。

【章旨】

本章以水为喻,歌颂"圣人"谦退不争的品格,重在修身。水柔和而滋养万物,从不争夺,甘愿处在卑下的地方,始终如一地永远付出,这正与天道相吻合。老子认为最完善的人格就应具有水的特性,通过对水的描绘来达到对"道"的歌颂,进一步简述"以柔克刚""不争无尤"的哲学。可以看出,老子将谦退不争作为立身之本。

【注释】

❶上:上等,崇高。❷善:指善良有美德的人。善作名词。❸善:善于、长于的意思,善在此作副词。❹争:相争。

❺所恶：所厌恶的地方。此处具体意义是低洼之地。❻几（jī）：接近，差不多。❼居善地：居，居住，这里指处世。地，用作动词性谓语。❽心善渊：思虑深邃宁静。心，存心。渊，深。这里形容内心深沉虚静的状态。❾与善仁：交接善良之人。与，同"予"，意思是给予，引申为交友。仁，同"人"。❿言善信：说话遵守信用。言，说话。信，讲信用，真诚。⓫正善治：为政精于治理。正，通"政"，行政。⓬事善能：处事发挥特长。事：办事。能，灵活，圆滑。⓭动善时：行动把握时机。动，行动。时，时机。⓮尤：过失，过错。

【译文】

崇高的善人（圣人）就好像水。水滋润万物有利于它们生成，而又不和万物相争，甘心汇聚在人人都厌恶的低下地方，所以它接近于"道"。善人处世要像水那样安于卑下，心胸如水一样静默深远，善于保持沉静，待人交友如水一样润泽万物，像水那样友爱，说话如水一样遵守信用，从政如水一样有条理，善于理政治国，处事如水一样随物成形，善于发挥特长，行动如水一样涸溢随时，善于随顺天时。正因为他（圣人）像水那样与世无争，与万物无争，所以没有过错。

09

【原文】

持而盈之❶，不如其已❷。揣而锐之❸，不可长保❹。金玉满堂，莫之能守❺。富贵而骄，自遗其咎❻。功遂身退❼，天之道❽。

【章旨】

本章论述俭啬自保之道，重在养生。老子认为物极必反，盈了以后就要亏，锐了以后就要钝。正反的转化，这是事物的辩证法。老子把它应用到社会生活方面来，他提出应付的策略：防止矛盾激化，告诫"富贵不能骄奢"，要善让。告诉人们"功遂身退"，要知退。他认为这样才是正确的养生之道，就如同大自然四季交替、周而复始的运行规律一样。

【注释】

❶持而盈之：持，执持，握持。盈，满，指抱持盈满之势，这里隐指自满自足、自我膨胀。全句意思是手里拿着一容器，

里面的水已经盛满了。❷不如其已：不如趁早停止。已，停止。❸揣而锐之：锻造金属器具，使之锐利。这里比喻锋芒外露。揣，通"叚（锻）"，锻造、冶炼。❹不可长保：不能够长久保持（它的锋利）。保，守住。❺莫之能守：没有能守得住的。❻自遗其咎：自己招灾的意思。遗（wèi），送给，留给。咎（jiù），灾祸。❼功遂身退：功成业就，应当退位收敛，这是自然的规律。身退，可指从现在的职位上退出，亦可指收敛其锋芒。这一句话是本章的主旨。老子要求人在完成功业之后，不自恃，不据有，不锋芒毕露。❽天之道：自然的规律，指四季的运行交替。天，自然。道，在这里指一种普遍规律。

【译文】

积累达到满盈，不如趁早停止。锤锻（金属）使它尖锐锋利，不能长久保全，必遭挫败。金玉堆满堂室，没有谁能守藏得住。富贵了而又骄奢，就给自己种下了灾祸。功业完成了，就急流勇退，这才是顺应自然规律的做法。

10

[原文]

　　载❶营魄❷抱一❸，能无❹离乎？专气❺致柔，能婴儿乎❻？涤除❼玄览❽，能无疵❾乎？爱民治❿国，能无知⓫乎？天门⓬开⓭阖⓮，能为雌⓯乎？明白四达⓰，能无为乎？生之，畜⓱之，生而不有，为而不恃，长而不宰，是谓玄德⓲。

[章旨]

　　本章论述人生修养，重讲修身的功夫。采用只问不答、寓答于问的反问排比形式，具体而有力地从六个方面阐述个人修身养性的功夫以及参与社会政治活动的指导思想，其基本原则就是形神合一、尚柔、净心、无为、守雌和弃智。老子认为人们无论是形体还是精神，无论是主观努力还是客观实际，都不可能是完全一致的。但是人们在现实生活中应该将精神和形体合一而不偏离，即肉体生活与精神生活相和谐。这样就必须做到心境静定、洗清杂念、摒除妄见，懂得自然规律，加深自身的道德修养，如此才能够"爱民治国"。

【注释】

❶ 载：乘载。❷ 营魄：灵魂，魂魄。❸ 抱一：指合一、守一。指魂和魄即精神和身体合而为一。这个"一"就是"道"，抱一即精神与体魄统一于"道"，使二者和谐。❹ 无：不。❺ 专气：专，聚合，集中而不分散。气，精气，指生命的活力。专气就是集中精神、排除杂念。❻ 能婴儿乎：指当人们心灵处于自然柔顺、平和宁静的状态时，像无欲的婴儿一样纯洁。❼ 涤除：洗涤，去尘。❽ 玄览：心居玄冥之处而洞览万物。玄，深远、神秘的意思。❾ 疵（cī）：小毛病。❿ 治：救活。⓫ 知：通"智"，智慧。⓬ 天门：一指天赋人体的自然门户，即耳、鼻、口、目等感官。一说指天地间的自然规律，另一说是指政治上治乱产生的地方。⓭ 开：开启。⓮ 阖（hé）：关，闭。⓯ 雌：指安静柔顺。⓰ 达：通晓事理。⓱ 畜（xù）：蓄养。⓲ 德：指"道"的运用所形成的特殊属性或特殊规律。

【译文】

守护灵魂与坚持大道，能够不互相分离吗？聚合精气归于柔顺，能够达到像婴儿一样的状态吗？清除内心的杂念，深入静观，能没有瑕疵吗？爱护民众、治理国家，能够自然而为吗？人生存在万物运动变化之中，能够做到宁静柔弱吗？明白事理，通达四方，能够不依赖知识吗？生长万物，养育万物，产生万物而不占有，推动了万物发展而不自恃其功绩，滋养万物而不主宰，这叫作玄德。

11

【原文】

三十辐共一毂❶，当其无❷，有车之用。埏埴❸以为器❹，当其无❺，有器之用。凿户牖❻以为室，当其无，有室之用。故有之以为利，无之以为用❼。

【章旨】

本章论述"有"和"无"的关系，这是老子辩证思想的具体阐述，道是"有"和"无"的辩证统一，自然界的一切都是"有"和"无"的对立统一，实有之物会给人们带来各种便利，但是它有赖于自身空虚（无）部分的补充、配合。

正是因为有了车毂中空的地方供轴转动，车才得以行驶；正是因为器皿中间有很大一块空的地方，才得以盛物。如果房屋没有四壁门窗之间的空间，就无法供人居住。

在老子看来，器物实体的"有"只是提供便利的条件，器物中空的"无"，才是发挥作用的关键。本章阐明"有"与"无"，"利"与"用"的依存关系和相互作用。实体的作用人人皆知，不需多说，而空虚的作用容易被人忽视，因此老子在本章里强调空虚不盈（无）的作用，提醒人们注意。结尾点出"无"与"有"之配合作用，有画龙点睛之妙。

【注释】

❶三十辐（fú）共一毂（gǔ）：三十根辐条共同支撑着车毂。辐，车轮中连接轴心和轮圈的若干直木条，古代车轮的辐条，如同现代自行车的轮条。共，通"拱"，环绕。毂，车轮中间的圆木，内贯车轴，外承车辐。❷当其无：当：一说"处在"。另一说"配合"。无：这里指车毂中心的圆孔。❸埏（shān）埴（zhí）：制陶。埏，和，揉。埴，制陶的黏土。❹器：指器皿。❺无：指器皿中心空的地方。❻凿户牖（yǒu）：凿，开凿窑洞。户，门。牖，窗。这里以"户牖"代替屋室的结构部件。❼有之以为利，无之以为用："有"给人以便利，"无"便发挥出它的作用。此句是本章的主旨。有，指事物的实体（如车、房屋、器皿等）。无，中空的地方。

【译文】

三十根辐条共同支撑着车毂，有了车毂的中空，才使车子得以运转，成就了车的功用。揉捏黏土制作器皿，有了器皿的中空处，使其可以容纳东西，才成就了器皿的功用。开门窗凿窑洞建造房屋，那居室的空间，成就了房屋住人的功用。因此，实体"有"之所以给人带来利益，是因为空虚处"无"起着重要的配合作用。

12

【原文】

　　五色❶令人目盲❷，五音❸令人耳聋❹，五味❺令人口爽❻，驰骋畋猎令人心发狂❼，难得之货令人行妨❽。

　　是以❾圣人为腹不为目❿，故去彼取此⓫。

【章旨】

　　本章论述物欲横流的危害，重在养生。老子主张"为腹不为目"，指出物欲享乐生活的弊害，希望解决基本的温饱，平静地生活。

　　老子认为贪婪、骄奢淫逸、纵情于声色之娱，沉溺于五色、五音、五味、驰骋畋猎等，必然会带来恶果。夏桀、商纣可谓前车之鉴。今天看来，老子的主张是有些偏激的，但是合理的因素也是不可忽视的，有着重要的现实意义。随着社会的发展，人们的物质生活和精神生活越发丰富多彩，这是时代的进步。但是人们应该适度控制自己的欲望，如果不懂得适度克制自己，终日沉溺于五色、五音、五味中，就会给自己的人生带来严重的后果。

【注释】

❶五色：黄、青、赤、白、黑五种颜色。❷目盲：眼瞎，这里比喻眼花缭乱。❸五音：古代以宫、商、角、徵（zhǐ）、羽为五音。五音构成中国古代乐声音阶中的五个音级。此处也泛指各种声音交错纷繁。❹耳聋：比喻听觉不灵。❺五味：古代以甜、酸、苦、辣、咸合称五味。❻口爽：口味败坏。爽，伤败，差失。❼驰骋（chí chěng）：纵马疾驰。畋（tián）猎：打猎。心发狂：心放荡而不可制止。❽难得之货令人行妨：稀释的珍品使人行为不端。难得之货，指不易得到的物品，泛指各种奇珍异宝。行，行为。妨，伤害，这里指行为不轨。❾是以：因此。❿为腹不为目：一说只为吃饱肚子，不求声色娱乐。一说"腹"指人的内在自我，"目"指外在的形象或感觉世界。此句是本章的主旨。为"腹"，即建立内在的宁静的生活。为"目"，即追逐外在的生活。只有摆脱外界的物欲，保持内心的安宁，才能保持心灵固有的纯真。⓫去彼取此：摈弃内心的物欲，吸取有利于身心发展的东西。

【译文】

缤纷的色彩使人眼花缭乱；纷繁的韵律使人两耳失聪；鲜美的食物使人胃口损伤；纵马狩猎令人心思狂荡；稀罕的珍品使人行为不端。

因此，圣人只求过一种简单清静的生活而不追逐声色之娱，抛弃物欲的诱惑，保守内心的安宁，保持心灵固有的纯真。所以抛弃物欲，只要温饱。

因此圣人行为是以物来滋养自己，而不会让物来主宰自己，所以圣人不追求过分的物欲，只求适度。

13

【原文】

宠辱若惊❶，贵大患若身❷。何谓宠辱若惊？宠为下❸，得之若惊，失之若惊，是谓宠辱若惊❹。

何谓贵大患若身？吾所以有大患者，为吾有身❺；及❻吾无身，吾有何患？

故贵以身为天下❼，若可寄天下❽；爱以身为天下，若可托天下❾。

【章旨】

本章是关于人格修养的理论，重在修身。讲到"为腹不为目"的"圣人"能够"不以宠辱荣患损易其身"（王弼语），才可以担负天下的重任。即应该将个人的荣辱置之度外，保持其人格尊严，不要因为外界的毁誉而影响自身的生活态度。只有这样宠辱不惊的人，才能不患得患失，才能承担起治理天下的责任。

本章反映了老子主张忍辱负重、无我利人的思想。"无我"，并不是超脱自我与抛弃自我，而是不为个人利益患得患失，要以自身为天下，这是上德的人，因为他们不为荣辱所移，不为患难所慑，敢于损一身而全天下，无私无畏，是最可靠的人。老子歌颂了这种人。最终，还是这种人得到了天下。

【注释】

❶宠辱若惊：受到宠爱和侮辱就感到惊恐不安。宠，宠爱，宠幸。辱，侮辱。若，相当于乃，副词，于是的意思。惊，惊喜与惊惧。❷贵大患若身：将它看重的如同祸患缠身。贵，贵重，珍视，重视，在这里是"以……为贵"。大患，大的祸患。身，身体。❸宠为下：宠爱居于下位。下，卑下。❹得之若惊，失之若惊，是谓宠辱若惊：得到宠信就感到惊喜，失去宠信就感到惊恐，所以说受宠与遭辱都同样震惊。❺吾所以有大患者，为吾有身：我之所以有大患，是因为我有实体。老子认为大患来自人的实体，因此防止大患应该先重视自身实体。老子一向强调贵身。❻及：若，如果。❼贵以身为天下：以天下为贵。贵，以……为贵。❽若可寄天下：才可以把天下交给他。寄，寄托。❾爱以身为天下，若可托天下：以爱身的态度对待天下事，才可以把天下托付给他。

【译文】

得宠和受辱都感到惊恐不安，将它看重得如同祸患缠身。什么叫宠辱若惊？因为得宠（本质上）是卑下的事情，得到宠爱感到惊吓不安，失去宠爱也感到惊恐不安，所以说得宠和受辱都感到惊吓。

为什么说将它看重的如同祸患缠身？我之所以有祸患缠身的感觉，是由于我太过于看重自身的存在。如果没有自身的存在，我哪里还会有什么祸患呢？

所以，以忘我的态度去对待天下、处理事情的人，才可以担负起治理天下的重担；以爱惜自身的态度去处理事情的人，才可以把天下的重任交付给他。

14

[原文]

视之不见名曰夷❶，听之不闻名曰希❷，搏之不得❸名曰微❹。此三者不可致诘❺，故混而为一❻。其上不皦❼，其下不昧❽。绳绳❾不可名❿，复归于无物⓫。是谓无状之状，无物之象，是谓惚恍⓬。迎之不见其首，随之不见其后。执古之道⓭，以御⓮今之有⓯，能知古始⓰，是谓道纪⓱。

[章旨]

本章是对"道"进行描述，强调"道"的重要。老子把"道"说成是人们无法通过感观认识的超越于实体事物的精神。讲述"道"有三个方面的含义：其一，道没有具体形状、声音、颜色，常人不能凭感官知觉认识它；其二，道虽是无形之状、无物之象，但可"迎之""随之"，因而它是与时俱在的；其三，讲道的巨大功用，如果人们能够秉承亘古即已存在之"道"，就可治今知古，这是事物运动变化的规律。

【注释】

❶视之不见名曰夷：想看看不见叫作"夷"。马王堆帛书中首句之"夷"作"微"。❷希：寂然无声。❸抟：触摸。❹微：帛书中作"夷"。河上公注："无色曰夷，无声曰希，无形曰微。"❺三者不可致诘：无论夷，还是希，还是微，这三者形象是无法追究的，所以道是混沌一体的。致诘，追问，追究。❻故混而为一：所以就合而为一。故，通"固"，本来，原本。混，混沌，此指浑然一体，指原始的统一体，即混沌的元气。❼皦：明亮，清晰。❽昧：昏暗。❾绳（mǐn）绳：渺茫，幽深。❿名：名状，描绘。⓫复归于无物：还原为没有物态。复归，回归，还原。无物，指不具任何形象的实存体。⓬惚恍：恍惚，若有若无之状。⓭执古之道：秉承亘古已有的道。执，依据，根据。古之道，古时就存在的道。⓮御：驾驭，统领。⓯有：指现实存在的有形的具体事物。⓰能知古始：能够知晓宇宙的开端。古始，宇宙的开端，"道"的开始。⓱是谓道纪：可以说这是道的规律。道纪，道的纲要，引申为道的规律。

【译文】

想看看不见叫作"夷"，想听听不到叫作"希"，想摸摸不着叫作"微"。这三者不可推问，原本浑然一体。它的上面不太明亮，它的下面也不太昏暗。它无边无际，不可具体形容和描述，它返本归根又呈现空不见物的状态。它是一种没有具体形状的形状，没有具体物象的形象，这就叫作"恍惚"——潜藏而不可见。迎着它，看不见它的前头；尾随它，看不见它的后尾；把握住这亘古已有的"道"，用它来驾驭现存的具体事物，能了解远古万物的起源，这就叫作"道"的纲要，或者叫作"道"的规律。

15

【原文】

古之善为道者❶，微妙玄通，深不可识❷。夫唯不可识，故强为之容❸；豫兮❹若冬涉川❺；犹兮❻若畏四邻❼；俨兮❽其若客；涣兮❾其若凌释❿；敦兮其若朴；旷兮其若谷⓫；混兮其若浊；孰能浊以静之徐清？孰能安以动之徐生⓬？

保此道者不欲盈⓭。夫唯不盈，故能蔽而新成⓮。

【章旨】

本章以诗的语言，专门对于理想中的悟"道"者进行描绘和歌颂，体现其修养和风貌，重在修身。前面老子讲过"道"是精妙深玄、恍惚不可捉摸的，那么悟道、得道之士，也"微妙玄通，深不可识"，因此难以写状。

本章老子通过七个"若"字来比喻他心中的悟道、得道之士的举止风貌、人格形态、超常能力和行为准则。他们既小心谨慎又心存畏惧，既恭敬庄重又温和融洽，既敦厚自然又心胸开阔能包容万物。总之，有"道"的人，他们的精神境界远远超出一般人。

其中老子讲"静之徐清。动之徐生",这是说体道之士的静定功夫和精神活动的状况。用辩证法看"浊"和"清"、"安"(静)和"生"(动)的对立转化关系,体道之士在动(浊)态中,透过"静"的功夫,定心自养,转入清明的境界。这说明动极而静的生命活动过程。在长久静定(安)之中,体道之士又能生动起来,趋于创造的活动(生),这是说明静极而动的生命活动过程,充满朴素的辩证法的对立统一。

【注释】

❶为道:行道。❷微妙玄通,深不可识:幽微精妙,深奥通达,深刻到一般人不能认识。老子认为"道"是深妙恍惚、不可捉摸的超验存在,而懂得"道"的人与一般为利欲所制约的俗人不同,显得静谧幽深,难以看到底。❸夫唯不可识,故强为之容:正因为有"道"之人深刻到一般人不能认识,所以(只得)勉强去形容他。强,勉强。容,描绘,形容。❹豫兮:形容迟疑慎重的样子。❺若冬涉川:像冬天赤脚蹚河。冬天过河,即在冰上走,不敢无所顾忌,必如履薄冰,小心谨慎。❻犹兮:心怀畏惧、警惕戒备的样子。❼四

邻：指四周的敌国。❽俨兮：恭敬而严肃的样子。❾涣兮：融和疏脱的样子，比喻人能够顺应潮流，不固执。❿凌释：指冰的融化。帛书甲、乙本均作"凌释"，但一般通行本作"冰之将释"。凌，冰。⓫旷兮其若谷：胸怀宽阔，就像宽阔的山谷。旷，空旷开阔。⓬孰能浊以静之徐清？孰能安以动之徐生：谁能够让浊流不再汹涌，在安静中慢慢地澄清？谁能在长久的安定中变动起来，慢慢地萌动生机？徐清，慢慢澄清。徐生，慢慢产生。⓭不欲盈：不要求圆满。盈，满。⓮蔽而新成：去故更新。蔽，陈旧，破败。

【译文】

古时候懂得"道"的人，幽微精妙，深奥通达，深刻到难以认识的地步。正因为他难以认识，所以只好勉强加以形容：迟疑不决啊，像冬天踏冰过河；心怀畏惧啊，像提防着周围的攻击；恭敬严肃啊，像在做客；顺应潮流啊，像春天冰柱消融；敦厚质朴啊，像未经雕琢的素材；空豁旷达啊，像深山幽谷；浑朴厚道啊，像混浊的江河。谁能够让浊流不再汹涌，在安静中慢慢地澄清？谁能在长久的安定中变动起来，慢慢地萌动生机？

保持这种"道"的人，不求满盈。正因为其虚怀若谷，才能弃旧图新。

16

【原文】

　　致虚极❶，守静笃❷。万物并作，吾以观复❸。夫物芸芸❹，各复归其根❺。归根曰静，是曰复命❻。复命曰常❼，知常曰明❽。不知常，妄作凶❾。知常容❿，容乃公⓫，公乃王⓬，王乃天⓭，天乃道，道乃久，没身不殆⓮。

【章旨】

　　本章老子论述了如何体察道的运行规律，以及如何运用这种规律来处理社会生活中的各种问题。老子在前一部分提出"致虚""守静""归根""复命"四个概念。其实这是一个问题的两个方面，"致虚"与"守静"合言，"虚"与"静"交相为用。虚极静笃，然后能观。也就是说，要尽量使心灵虚静，这样才能发现事物发展变化的规律。在老子的思想体系中，"虚"指"道"的本体，而"归根"的"静"指"道"的本根，事物的本性，他认为由静生动，由动归静；动是相对的，静是绝对的，纷繁万物各自返回本根叫作"静",将这"归根"的"静"叫作"复命"。"归根""复命"的虚静是万物动静变化的长久不变的规律,称这规律为"常"。

本章后一部分从正反两方面阐明"知常"的重要功用。符合"道"的,顺应自然规律,就久长,不符合"常"的就遭祸殃。

【注释】

❶致虚极:尽量使心灵达到空虚无欲的状态。致,同"至",达到。❷守静笃:坚持清静无为,不为外物所扰。❸万物并作,吾以观复:万物都在蓬勃生长,我因此观察到了循环往复的规律。❹芸芸:纷繁茂盛的样子,常形容草木繁茂。❺复归其根:回归本原,即返回自然的本性。根,根本,指事物本来具有的性质。❻复命:复归本性,复归生命之本。这里指回到虚静的本性。老子认为,"道"的本质是虚静的,天地万物(包括人类)是由"道"这个根本所产生的,因此它们回归本原便是回到虚静的状态。❼常:指事物运动变化中不变的规律,也就是永恒的法则。❽知常曰明:懂得这一法则便心灵澄明。明,事物的运动变化都依循着循环往复的规则,对这种规则的认识,就叫作"明"。❾不知常,妄作

凶：对事物的运动变化规律不了解，轻举妄动就必然导致凶险。❿知常容：懂得自然法则就能包容。容，包容，宽容。⓫容乃公：能包容就公正坦荡。公，公平，公正。⓬公乃王：公正坦荡就能天下归顺。王，天下归顺的意思。⓭王乃天：天下归顺就符合自然。天，代指自然。⓮没身不殆：终生不会遭遇危险。没身，指死亡。没，通"殁"。殆，危险。

【译文】

尽量使心灵达到一种空虚无欲的状态，坚持清静无为，不为外物所扰。万物都在蓬勃生长，我由此观察到了循环往复的规律。万物纷繁茂盛，（最终）各自又会返回到它的出发点。归回本原叫"静"，静叫作"复命"。复命叫作"常"，认识把握了常叫作"明"。不了解"常"，轻举妄动，就会做出凶险之事。认识了"常"，才能无所不包；无所不包就能坦然公正；坦然公正才能天下归顺；天下归顺才能符合自然；符合自然，才能符合"道"；符合"道"，才能长久，终身都不会遭受危险。

17

【原文】

太上❶，不知有之❷；其次，亲而誉之❸；其次，畏之❹，其下，侮之❺。信不足焉，有不信焉❻。悠兮❼其贵言❽。功成事遂❾，百姓皆谓："我自然❿。"

【章旨】

本章是讲述治国方略的。

老子根据老百姓的感受和反应不同，把君主分类型顺次排列为四种。第一种是老子理想的君主，称为"太上"，这是最符合于"道"的圣君明主，没有其他三种君主的缺点，诚信地对待民众，不轻易发号施令，一切顺应自然，让百姓过安闲自在的生活。

本章表现出老子对自由安适生活的向往和对现实政治的贬斥。老子讲的四种君主中"其次""其下"是存在的，唯独他所崇尚的"太上"之君在古代社会实际上是从来没有过的。这是老子所幻想的乌托邦政治社会。

【注释】

❶太上：最好的国君。❷不知有之：老百姓不知道有君主的存在。❸其次，亲而誉之：比这次一等的，老百姓亲近他、赞扬他。❹其次，畏之：再次一等的国君，百姓畏惧他。❺其下，侮之：最下等的国君，百姓轻慢、蔑视他。❻信不足焉，有不信焉：（统治者）诚信不足，也就得不到老百姓的信任。❼悠兮：悠闲的样子。❽贵言：以言为贵。意思是不轻易发号施令。❾遂：完成，成功。❿自然：自己如此。

【译文】

最好的国君，百姓根本意识不到他的存在；次一等的，人民亲近他、赞扬他；再次一等的，百姓都畏惧他；更次一等的，百姓敢于蔑视侮辱他。统治者的诚信不足，百姓才对他不信任。（最好的统治者）是悠闲自如的，他不轻易发号施令。事情办成了，百姓不知是君主所赐，却说："我们本来自己如此。"

18

【原文】

大道❶废,有仁义;智慧出,有大伪❷;六亲❸不和,有孝慈;国家昏乱,有忠臣。

【章旨】

本章揭示现实社会的各种混乱现象,指出大道的废弃、诚信的不足、奸诈虚伪的萌生、道德的缺失,导致了社会的混乱。全章充分阐述了老子的辩证思想:当整个社会大道兴盛时,人们的行为准则自然而然是仁义这些东西,故没有倡导仁义的必要。当试图用仁义来挽救颓败之风,说明此时社会已经不纯厚了。老子极力提倡清静无为,顺应自然之道。他认为,仁义与大道废,大伪与智慧出,孝慈与六亲不和,忠臣与国家昏乱,形似相反,实则相成,它们之间是对立统一的关系。

【注释】

❶ 大道：老子提倡道，这里指的是老子理想社会的最高原则。
❷ 大伪：巨大的狡诈和虚伪。❸ 六亲：指父、子、兄、弟、夫、妻，这里指家庭关系。

【译文】

社会的公正被废弃了，才有所谓"仁义"存在；出现了智谋，才产生严重的诈伪；父子、兄弟、夫妇之间不和，才有了所谓的孝慈；国家陷于混乱，才显出所谓忠臣。

19

【原文】

绝圣弃智❶，民利百倍❷；绝仁弃义，民复❸孝慈；绝巧弃利❹，盗贼无有。此三者，以为文❺不足，故令有所属❻：见素抱朴❼，少私寡欲❽，绝学无忧❾。

【章旨】

本章大意，是从前章而来，前章老子认为人们迷失本性，是国家混乱的原因。本章提出对于社会病象的治理方案。老子主张治病挖根，本章提出"绝圣弃智""绝仁弃义"，进一步倡导"绝巧弃利"，要彻底弃绝"圣智""仁义""巧利"，使民众返璞归真，保持淳厚朴实的天性。老子在本章中所流露的愤世之言，乃是针对虚饰的文明所造成的严重灾害而发的。他希望能够达到"见素抱朴，少私寡欲"，也就是返璞归真，认为这才是治国的出路。

【注释】

❶绝圣弃智：杜绝和抛弃聪明巧治。绝，断绝。圣、智，都是聪明的意思。❷民利百倍：人民会得到百倍的好处。❸复：恢复。❹绝巧弃利：抛弃工巧和货利。巧，技巧。❺文：文饰，巧饰。❻故令有所属：所以要（正面指出）使人的认识有所归属。令，命令人民。❼见素抱朴：外表单纯而内心质朴。见，同"现"，显现，显示。素，没有杂色的丝，白色，引申为单纯。抱，抱持。朴，未经雕刻的木材，引申为质朴。❽少私寡欲：减少私心，降低欲望。❾绝学无忧：摒弃所谓的学问就没有忧患。

【译文】

抛弃聪明和智慧，百姓才可以获利百倍；杜绝、抛弃"仁"和"义"，百姓才能恢复敬老爱幼的天性；抛弃技艺和货利的诱惑，盗贼自然消失。这三样东西全是巧饰的东西，不足以治理天下。所以，要使民心有所归属，即外表单纯、内心质朴、减少私欲，抛弃所谓的（圣智礼法的）学问，就能达到没有忧虑的境地。

20

【原文】

　　唯❶之与阿❷，相去❸几何❹？美之与恶，相去若何❺？人之所畏，不可不畏❻。荒兮❼，其未央❽哉！众人熙熙❾，如享太牢❿，如春登台⓫。我独泊兮其未兆⓬，如婴儿之未孩⓭。儽儽⓮兮，若无所归。众人皆有余，而我独若遗⓯。我愚人之心也哉！沌沌兮，俗人昭昭⓰，我独昏昏⓱。俗人察察⓲，我独闷闷⓳。澹兮，其若海⓴，飂兮，若无止㉑。众人皆有以㉒，而我独顽似鄙㉓。我独异于人，而贵食母㉔。

【章旨】

　　本章描述了春秋末期的世态人情，最后一句说出行道之人（即老子）与别人的不同之处，在于得"道"。本章讲了三层意思，开头一部分讲由于人们价值观的不同，对于是非美丑、贵贱善恶等相对相反的关系，却判断"相去几何"，混淆甚至颠倒是非标准。这是众人所畏惧的，老子也畏惧，这样一来，有道之士与世俗之人表面看就没有明显区别了。

由此中间一部分讲得"道"之"我"与俗众之人本质上完全不同，采用"正话反说"的手法，达到"形似自嘲实则自赞"的效果。最后一句"我独异于人，而贵食母"，点明有道之士与世俗之人本质不同，根本在于有道之士始终遵守道、重视道，故能有与众不同的风格。

【注释】

❶唯：恭敬地答应的声音，引申为"是"，是晚辈对长辈的回应。❷阿：怠慢地答应的声音，是长辈对晚辈的回应。一说阿同"呵"，斥责，呵斥。❸去：离开，指距离。❹相去几何：（恭敬地应答的声音与呵斥的声音）相差到底有多少？几何，多少。❺美之与恶，相去若何：美好与丑恶，到底相差多少。美，美好。恶，丑恶。❻人之所畏，不可不畏：人们所畏惧的，（我）也不必去触犯。尽管老子认为自己与世俗之人在价值观上相差很远，但他同时认为，由于价值判断是主观的、相对的，譬如善恶美丑，不同的人有不同的标准，这些问题太宽泛，没有必要穷究到底，不必故意去触犯。❼荒兮：一说形容精神境界的广阔。一说指时间经历的长久，今从后说。❽央：结束，完结。❾熙熙：形容兴高采烈的样子。❿如享太牢：好像参加盛大的筵席。⓫如春登台：好像春天登高远望一样（心旷神怡）。⓬我独泊兮其未兆：当众人都兴

高采烈、喜气洋洋时,我却独自恬然淡泊,毫不炫耀。泊,淡泊,恬静。未兆,没有迹象,引申为不炫耀、无动于衷。⑬如婴儿之未孩:像婴儿还不会笑时那样(混混沌沌)。孩,同"咳",咳的本义是指小孩的笑。⑭傫(léi)傫:形容疲惫不堪的样子。⑮众人皆有余,而我独若遗:众人都感到满足,而我却一无所有。遗,遗失,丢失。⑯昭昭:清楚,精明。这是一种俗人的聪明,为老子所不屑。⑰昏昏:暗昧、糊涂的样子。⑱察察:精明、苛刻的样子。⑲闷闷:浑浊、淳朴的样子。⑳澹(dàn)兮,其若海:辽阔啊,就像大海无边无际。澹,辽远。㉑飂(liù)兮,若无止:形容老子理想之人(愚人)像迅疾的风那样无所拘束、自由奔放,好像没有止境。飂,疾风。㉒众人皆有以:众人都好像有作为、有本领。以,用。㉓而我独顽似鄙:我独显得鄙陋无能。鄙:形容愚笨、鄙陋。这也是老子形容得"道"者与俗人不同的特征。㉔我独异于人,而贵食母:我偏偏与众不同,重视用"道"来滋养自己。母,指"道"。对"食母"的解释,历来不一,有的说食为动词,养的意思,食母就是食于母、养于"道",即用"道"来滋养自己;有的说,食是用的意思,食母就是使用"道"、利用"道"。

【译文】

应诺与训斥,相差多少?美好与丑恶,相差几何?人们普遍所畏惧的,我就不能不畏惧。宇宙如此宽阔,从古至今,世事流转,何时止息。众人都无忧无虑,兴高采烈,好像参加盛大的筵席,又好像春天登高远望(那样心旷神怡)。我独自恬然淡泊而无动于衷,混混沌沌的样子呵,好像是一个还不会笑的婴儿;无精打采地,好像无家可归。众人都感到满足,唯独我却好像什么都不够。我真是个愚人的心肠呵!世俗的人是那么清醒精明,唯有我如此糊里糊涂。世俗的人是那么严格苛刻,唯有我如此淳厚质朴。辽阔深广呵,(我的心胸)像无边无际的大海一样;自由奔放呵,(我的心灵)像无止境随意吹荡的疾风。众人都有所作为,唯独我却愚笨鄙陋。我偏偏与众人不同,而重视用"道"来滋养自己。

21

【原文】

　　孔德之容❶，惟道是从❷。道之为物，惟恍惟惚❸。惚兮恍兮，其中有象❹；恍兮惚兮，其中有物❺。窈❻兮冥❼兮，其中有精❽；其精甚真❾，其中有信❿。自今及古，其名⓫不去⓬，以阅众甫⓭。吾何以知众甫之状哉？以此⓮。

【章旨】

　　本章概括阐明了"德"与"道"的关系。老子认为在两者关系中，道是核心，德是派生的，德是依从于道的。"道"在恍惚幽冥中产生天地万物。"道"所显现于物的功能称为"德"。

　　本章具体描述"道"，侧重道的物质性。"道"即使是恍惚幽微，但是"其中有象，其中有物，其中有精"，宇宙万物都是从它那里萌生，并进一步说明道并不是虚无的一面，有其物质性，它真实存在着，它是万物的本原和归宿。老子认为"道"是第一性的，万物是第二性的。"道"不是孤立地离开物质的，而是与物俱存的，二者不可分离，它又是可感知的。

【注释】

❶孔德之容：大德的动作、模样。孔，大。容，指动作、状貌等。❷惟道是从：唯有跟随着道而变化。❸道之为物，惟恍惟惚："道"作为一种存在物，它是若有若无、闪烁不定的。❹象：形象。❺物：实物。❻窈（yǎo）：深远。❼冥：暗昧，不清楚。❽精：指极细微的物质性实体。精、气等概念，都是中国古代学说中特有的概念，指的是肉眼看不到的、极其微小的原质。❾其精甚真：这种极微小的原质是很真实地存在着的。❿信：验证。⓫名：名字，引申指形态。⓬去：失去。⓭以阅众甫：根据（那极微的精气），才能认识万物的起始。众甫，指万物的起始。⓮以此：从"道"（认识万物起始的）。此，指道。

【译文】

大德之人的行动，只是以"道"为准绳。"道"作为一种存在物，虽然恍恍惚惚、若有若无，其中却有形象；尽管缥缈迷离，其中却有实物。它深远模糊中却含有极细微的精气,这精气是非常真实的,并且是非常可靠的。从古到今,它的名字永远不能消失,根据它才能认识万物的本始。我怎能知道万物的起始呢?就是根据"道"认识的。

22

【原文】

　　曲则全❶，枉则直❷，洼则盈❸，敝则新❹，少则得，多则惑❺。是以圣人抱一为天下式❻。不自见故明❼；不自是故彰❽；不自伐故有功❾；不自矜故长❿。

　　夫唯不争，故天下莫能与之争。古之所谓"曲则全"者，岂虚言⓫哉？诚⓬全而归之。

【章旨】

　　此章是老子的人生哲学，反映了老子的辩证思想，重在修身。一般人对于事物，常常只能看到表象，却不思考本质；常常只看到事物的正面，却不知道事物的反面。老子则善于从对立统一的关系中去观察事物，看到正反双方的相互依存关系，对事物进行正、反两个方面的把握，导致其对现实世界透彻的认识、对世界本质的认识。由于事物是在关系中产生的，所以老子认为：在"曲"里面存在着"全"的道理，在"枉"里面存在着"直"的道理，只有"洼"才会导致"盈"，只有"敝"才会导致"新"。一般的人只注重"全""直""盈""新"这些（事物正、反两端中）正的一端，而忽略反面的一端，因此，求全求盈、急功近利，引起无数纷争。老子在阐述中指出，"不争"才是求全之道，"不争"在于不自我显示、不自以为是、不自我夸耀、不自我矜持。

【注释】

❶曲则全：委屈反而能保全。曲，委屈。❷枉则直：弯曲反而能伸展。枉，弯曲。❸洼则盈：低洼之处反而能充盈。洼，水洼，喻低处。❹敝则新：破旧才能更新。❺少则得，多则惑：一说是指人对于财物，少取才可多得，贪多反而迷惑。一说是指人对于知识，知识少反而会有收获，知识多反而产生困惑。❻圣人抱一为天下式：因此圣人坚守大道，作为天下的楷模。一，指"道"。式，即栻，是古代占卜用的一种工具，根据它转动的结果来判断占卜者的凶吉祸福。老子这里用"式"，是说圣人观察天下的命运也要借助工具，这个工具是"一"，是"道"。❼不自见故明：不自我表现，所以是非分明。自见，自现，自我显示，自我表现。❽不自是故彰：不自以为是，所以声名昭彰。彰，明显，显著。❾不自伐故有功：不自我炫耀，因此能建立功勋。伐，炫耀，夸

赞。❿ 不自矜故长：不自我骄傲，所以长久。矜，骄傲。
⓫ 言：帛书乙本作"语"。⓬ 诚：确实。

【译文】

委屈反而能保全，弯曲反而能伸直，低洼反而能积满，破旧反而能生新，少取反而能多得，贪多反而会迷惑。所以，"圣人"用"道"作为观察天下命运的工具。不自我表现，所以是非分明；不自以为是，反而能显著；不自我夸耀，所以能建立功勋；不自高自大，所以能长久。正因为不跟人争，所以天下没有谁能争得赢他。古人所说的"委曲反能保全"等，难道是空话吗？确实做到周全，就会回归于道。

23

[原文]

希言自然❶。故飘风不终朝，骤雨不终日❷。孰为此者？天地。天地尚不能久，而况于人乎？

故从事于道者，同于道❸；德者，同于德；失者，同于失。同于道者，道亦乐得之❹；同于德者，德亦乐得之；同于失者，失亦乐得之。信不足焉，有不信焉❺。

[章旨]

本章阐述治国理念。开头提示主旨"希言自然"。其"希言"与"贵言"说法相通，所以本章与第十七章相对应；却和第五章的"多言数穷"成一对比。希言：指少说话，含义是不施加政令。

接着用风暴比喻不循"道"行事，即以暴政治国，就难以持久。最后讲的是诚信治国的重要性，具有现实意义。

所以说，老子在本章强调"道"的原则，告诫人们要相信"道"，与"道"一致，循"道"行事，因此就会得到

"道",并就会取得成功,否则就会失掉"道",必然导致失败。

【注释】

❶希言自然:少发号施令是合乎自然的。"希言"就是"少声教法令",就是"清静无为",以不搅扰人民为原则,百姓安适自在,这才合于自然。希言,即稀言,少说话。其深一层的意思是少施加政令。❷飘风不终朝,骤雨不终日:狂风刮不了一个早晨,暴雨下不了一整天。狂风、暴雨,比喻暴政。老子警告说,以法戒令禁捆缚人民,以苛捐杂税压榨人民的政治,是不会长久的。❸从事于道者,同于道:寻求"道"的人,就与"道"合一。"德者,同于德;失者,同于失",句式与此相同。❹同于道者,道亦乐得之:与道一致的人,道也愿意得到他。❺信不足焉,有不信焉:(统治者的)诚信不足,才会有老百姓不信任他的事。

【译文】

少发政令是合乎自然规律的。所以,狂风刮不了一早晨,暴雨下不了一整天。谁让它们这样的?是天地。天地都不能持久,何况人呢?

所以，依照道的规律办事的人，就应和"道"合一；依归于德的人，就应与"德"合一；表现失道、失德的，行为就是暴戾恣肆。与道一致的人，道也愿意得到他；与德一致的人，德也愿意得到他；与失"道"、失"德"相同的人，就会承受失"道"、失"德"的后果。诚信缺失了，人民自然就不信任他。

24

【原文】

企者不立❶，跨者不行❷。自见者不明❸，自是者不彰❹。自伐者无功❺，自矜者不长❻。其在道也，曰余食赘行❼。物或恶之，故有道者不处❽。

【章旨】

这一章是老子以退为进的辩证思想的具体化，与下一章有不可分割的联系，正反对照，互相补充，共同阐述对客观物体、对社会人事的辩证观点。老子认为事物不能过分，过分了都要向相反的方向转化，因此强调不能"自见、自是、自伐、自矜"，要做到"不争和退让"，主导思想是以退为进，以"无为"达到"无不为"。

【注释】

❶ 企者不立：踮起脚跟难以久立。企，抬起脚后跟，踮起脚。
❷ 跨者不行：跨步行进的人，反而走不快。❸ 自见者不明：偏执一见的人，事情看不明白。❹ 自是者不彰：自以为是的

人,反而名不彰显。❺自伐者无功:自我夸耀的人,事业不会有成就。❻自矜者不长:自高自大的人不能持久。❼余食赘行:多余的饮食和行为。赘,剩余。行,通"形",长出,形成。❽有道者不处:有"道"的人是不这样做的。处,处世行事。

【译文】

踮起脚想站得高一点,反而站不稳;急切地大跨步前行,反而走不快。偏执一见的人,事物总是看不明白;自以为是的人,反而声名不显。自我夸耀的人,事业上不会有成就。自高自大的人,反而不能持久。从"道"的观点来衡量(以上这些急躁炫耀的行为),他们就像剩饭和赘瘤,惹人厌恶,所以有"道"的人是不这样做的。

25

【原文】

　　有物混成，先天地生❶。寂兮寥兮❷，独立而不改❸，周行而不殆❹，可以为天地母❺。吾不知其名，故强字之曰道❻，强为之名曰大❼。大曰逝❽，逝曰远，远曰反❾。故道大，天大，地大，王亦大。域中有四大❿，而王居其一焉。人法⓫地，地法天，天法道，道法自然⓬。

【章旨】

　　本章说明道的属性、状态、称谓和归属。老子是中外历史上最早提出天地万物是由自然生成的思想家。他将天地万物的产生归结于自然之"道"的运动，这是老子的一个可贵和值得重视的思想，这对于我们今天研究天体学说和宇宙理论以及人体科学、哲学等诸方面，有巨大价值。老子进一步说明"道"是独立的、客观的、永恒存在的精神实体，希望理想中的统治者要取法"道"，要"无为而治"。

【注释】

❶ 有物混成，先天地生：有这么一个东西，它处于混沌状态的，先于天地而产生。混，混然。成，完整。❷ 寂兮寥兮：寂，没有声音。寥，空虚，无形。❸ 独立而不改：独立长存，从不改变。形容"道"的绝对性、永存性。❹ 周行而不殆：循环运行而永不懈怠。周行，循环运行。不殆，不息，不停。❺ 可以为天地母：天地母，又作"天下母"。老子认为，"道"不仅是先天地而生的，而且天下万物也是由它所产生的，故称之为天下万物的根本（天下母或天地母）。❻ 故强字之曰道：勉强把它叫作道。由于"道"是无声无形、不可体察的，所以本来是不该立名的，但为了使用时方便，还是得给它一个名称，故只好勉强叫它为"道"。❼ 强为之名曰大：勉强给它取一个名字叫作"大"。大，形容"道"是没有边际、无所不包的，它既指"道"幅度的辽阔，又指"道"的高于一切（万物之母）。❽ 大曰逝：曰，当"而"或"则"讲。逝，指"道"的运行不息。❾ 反：同"返"，指"道"循环运行后返回到原点、返回到原状。《老子》一书中的"反"字有两种意义，一是返，一是正反的反。❿ 域中有四大：宇宙中有四大。老子讲"道"是先天地而存在的，只是说在时间上先于天地而存在，而不是指逻辑上先于天地存在。因此它虽然无形无象、不可捉摸，但并不是超空间的，

因此它才可以变成有固定形体的天地万物。⓫法：师法，取法。⓬自然：指"道"的自然状态。

【译文】

有一个混混沌沌的东西，先于天地而产生。它无声又无形呵，独立长存而永不衰竭，循环运行而生生不息，它可以成为天下万物的根源。我不知道它的名字，勉强叫它为"道"，再勉强给它取个名字叫"大"。它广大无边而运行不息，运行不息而伸展辽远，伸展辽远而返回本原。所以（说），"道"大，天大，地大，君王也大。宇宙有四大，而君王是四大之一。王以地为法则，地以天为法则，天以"道"为法则，"道"则纯正自然，以它自己的样子为法则。

26

【原文】

重为轻根❶，静为躁君❷。是以君子终日行不离辎重❸。虽有荣观❹，燕处超然❺。奈何万乘之主❻而以身轻天下❼？轻则失根，躁则失君❽。

【章旨】

老子开头从正面提出论点，"重为轻根，静为躁君"，结尾处从反面讲"轻则失本，躁则失君"，归结到这个论点上来。本章老子提出重与轻、静与躁两对矛盾：他认为轻与重的对立，重为矛盾的主要方面，重是轻的根基；躁与静的对立，静是矛盾的主要方面，静是躁的主导。

老子讲的"轻""躁"属于"动"的范围，但指的是"动"的不好的方面，即轻浮妄动。韩非子在《喻老》篇里说"制在己曰重，不离其位曰静"，"无势之谓轻，离位之谓躁"，此为封建社会君主而说的注解。此"戒轻戒躁"的主张，与前第十二章中的"驰骋畋猎令人心发狂"的主旨相合，告诫人们不要轻率躁动，而要处事冷静、清静寡欲。

此戒轻戒躁的原则,在今天看来,也有可取之处,"戒轻戒躁戒骄",有其积极意义。

【注释】

❶ 重为轻根:稳重是轻率的根本。根,根本,基础。❷ 静为躁君:沉静是躁动的主宰。躁,急躁,躁动。君,主宰。❸ 辎重:军队运载器械粮食的车。❹ 荣观:贵族游玩享乐的地方,这里代指华丽的生活。❺ 燕处超然:安居乐处,不为外物所动。燕处,安居乐处。超然,不陷在里面,不受外界的影响。❻ 万乘之主:一辆兵车叫作一乘,具有一万辆兵车的国家,在当时是实力强大的国家,故"万乘之主"就是指大国的君主。❼ 以身轻天下:用轻率躁动来治理天下。❽ 轻则失根,躁则失君:轻率就失去了根基,躁动就必然丧失主宰。

【译文】

稳重是轻率的根本,沉静是躁动的主宰。因此君子整天行走不离开载重的车辆。虽然有美景奇观,却不沉溺在里面。为什么身为大国的君主,却以轻率躁动的行为来治理天下而不自重其身呢?轻率就失去了根基,躁动就必然丧失主宰。

27

【原文】

善行无辙迹❶；善言无瑕❷谪❸；善数❹不用筹策❺；善闭❻无关楗❼而不可开；善结无绳约❽而不可解。是以圣人恒善救人，故无弃人❾；恒善救物，故无弃物❿。是谓袭⓫明。故善人者，善人之师⓬；不善人者，善人之资⓭。不贵其师，不爱其资，虽智大迷。是谓要妙⓮。

【章旨】

本章老子通过举例说理，阐述要善于用"道"的规律济世救物，达到"无为而治"，这样的人才是老子提倡的高层次、有内涵的聪明人。

老子首先从善行、善言、善数、善闭、善结五个事例说明社会的治理应该是顺应自然的天性，接着老子说明圣人善于教育人、使用人，使人人各有所用，因此社会才呈现安宁和谐的状态。

【注释】

❶善行无辙迹：善于走路的，不留痕迹在地面上。辙，车轮压出的痕迹。迹，脚步、马蹄等留在地上的痕迹。❷瑕：指玉石上面的斑点，比喻缺点。❸谪：责备，指责，引申为过失。❹数：计算。❺筹策：古代计算时所使用的筹码。❻闭：关闭。❼关楗（jiàn）：关锁门户所用的栓销，用金属或木制成。❽绳约：绳索。约，绳，索。❾是以圣人恒善救人，故无弃人：因此圣人总是善于做到人尽其才，从不遗弃人。恒，总是，永远。❿恒善救物，故无弃物：善于物尽其用，所以没有东西被遗弃。⓫袭：保持、蕴藏的意思。⓬善人者，善人之师：善人是善人的老师。⓭不善人者，善人之资：恶人是善人的借鉴。资，资财，引申为借鉴。⓮要妙：精要玄妙。

这一章老子又一次阐明"自然""无为"思想。他用具体贴切的比喻说明以自然为准则，不用有形的作为，而贵无形的力量。有"道"的"圣人"就善于用含而不露的智慧，去观照人与物，从而做到人尽其才、物尽其用。

【译文】

善于行走的，路上不留痕迹；善于言谈的，不留下瑕疵；善于计算的，不用筹策；善于关门的人，不用栓销却使人不能打开；善于捆缚的，不用绳索却使人无法松解。因此，有"道"的"圣人"总是善于做到人尽其才,所以从不遗弃人;总是善于做到物尽其用,所以没有被废弃的东西。这就叫作蕴藏着聪明智慧。所以,善人们是善人的老师,恶人们是善人的借鉴。不尊重自己的老师,不爱惜自己借鉴的对象,虽然自以为聪明,其实是大糊涂虫。这就是最奥妙的道理。

28

【原文】

　　知其雄,守其雌❶,为天下豀❷。为天下豀,恒德不离,复归于婴儿❸。知其白,守其黑,为天下式❹。为天下式,恒德不忒❺,复归于无极❻。知其荣❼,守其辱,为天下谷❽。为天下谷,恒德乃足,复归于朴❾。朴散则为器❿,圣人用之则为官长⓫。故大制不割⓬。

【章旨】

　　本章阐述老子"知雄守雌"的观点,重在修身。全篇以"知其雄,守其雌","知其白,守其黑","知其荣,守其辱"三组文字讲述如何以此达到返璞归真、天下大治的目的。"知雄守雌"是老子的一种基本处世哲学,他要求人们在雄雌的矛盾关系中,一方面对于"雄"要有透彻的了解,另一方面自己却要处于"雌"的一方。"守雌"并非是对"雄"的退缩或回避,而是既能执持"雌"的一方,又能运用"雄"的一方,故"知雄守雌"可以说是掌握主动、保持自己的最好方式。

【注释】

❶知其雄,守其雌:深知什么是雄强,却安于柔雌的地位。其,代词,这个。雄,比喻刚劲、躁进。雌,比喻柔静、谦卑。❷谿(xī):同"溪"。在此象征谦卑。❸为天下谿,恒德不离,复归于婴儿:愿做天下的河流,美德永不离身,恢复到婴儿的纯真状态。婴儿,象征纯真质朴。❹式:典范,楷模。❺忒(tè):差错。❻复归于无极:恢复到无尽的真理。无极,指"道"的最高理想境界。极,极点。❼荣:荣耀。❽谷:川谷。象征宽容谦卑。❾朴:纯朴,质朴。❿朴散则为器:质朴的"道"分散就形成万物。器,指现象世界具体的实物。⓫官长:百官之长。⓬大制不割:完善的政治制度是自然天成、不能随意割裂的。

【译文】

虽然知道什么是刚强,却安守于柔弱,甘愿处于天下卑低之处。处于天下卑低之处,美德永不相离,回复到纯真的婴儿状态。虽然知道什么是光亮,却安守于暗昧,甘愿做天下的楷模。做天下的楷模,永恒的德行才不会偏离,回复到不可穷极的真理——"道"的境界。虽然知道什么是荣耀,却安守于屈辱,甘愿处于天下的下流。处于天下的下流，永恒的德行才会得到充实，回复到质朴——物类的本性。物类的本性被破碎之后，就割裂成各种具体的器具，圣人利用这种破碎的本性，便建立了官署和官长。可见治理天下的理想原则，是不破坏"道"的完整性。

29

【原文】

将欲取天下❶而为❷之，吾见其不得已❸。天下神器❹，不可为也❺。为者败之❻，执者失之❼。

故物或行或随，或嘘或吹❽，或强或羸❾，或培或隳❿。是以圣人去甚⓫、去奢⓬、去泰⓭。

【章旨】

本章反对勉强作为，提倡顺应自然，以"无为"治国。开头老子就提出论点："有为"必败，从而反证出那"无为"而治的主张。他认为治理天下的最好办法就是"无为"，若要"有为"，就不能成功。

老子接着讲明原因：他认为施加暴力或强权之政，都将自取败亡，是因为天下万物千姿百态、社会人性千差万别，执政者要能允许差异性与特殊性的存在和发展，不能按照同一个标准去要求和衡量，否则就走向其反面。老子看到了客观事物都在对立转化中，因此最后警诫凡事都要避免过分和走向极端，因为凡事过分和走向极端是按个人主观意志作为而违逆了客观自然的道理。

所以，老子主张理想的政治社会是顺应物性，听任自然，因势利导，从而实现"无为而治"。

【注释】

❶取天下：治理国家。❷为：指有所作为，治理天下成功。❸不得已："已"为语气助词，不能达到而已。❹天下神器：天下这个神圣的东西。器，器物，东西。❺不可为也：不能以强力去取。❻为者败之：勉强作为必然失败。败，搞乱，搞糟。❼执者失之：用力把持必定失去。执，掌握。失，失去。❽或歔或吹：有的性格和缓，有的性格急躁。歔，温暖、温热。吹，寒凉。或说出气急就是吹。❾或强或羸：有刚强有羸弱。强，强壮。羸，衰弱。❿或培或隳（huī）：有成就有毁坏。培，增益。隳，损毁。⓫甚：极端的。⓬奢：奢侈的。⓭泰：过度的，过分的。

【译文】

（如果有人）想要治理天下并取得成功，我看他是不能达到目的的了。天下这个神圣的东西，不可以用强力来掌握。勉强作为就会失败，用强力来掌握定会失去。

所以世间众生，有的积极前行，有的消极尾随；有的性格和缓，有的性格急躁；有的身强力壮，有的羸弱不堪；有的增益，有的损毁。因此"圣人"要顺应自然，清静无为，去掉极端的、奢侈的、过分的东西。

30

【原文】

以道佐❶人主❷者，不以兵强天下❸。其事❹好还❺。师之所处，荆棘生焉❻。大军之后，必有凶年❼。善有果❽而已，不敢以取强。果❾而勿矜，果而勿伐，果而勿骄，果而不得已，果而勿强。物壮则老，是谓不道，不道早已❿。

【章旨】

本章老子继承前期兵家的军事理论和战争指导思想，对其做了哲学的概括，具有朴素的军事辩证法色彩。从老子原著来看，开头两句"以道佐人主，不以兵强于天下"是本章的主要论点。他主张用道安治天下，不能用兵逞强天下。因为"其事好还"，用兵这事容易遭到还击，得到报应。所以"善有果而已"，善战的人胜利就算了，不敢用兵来逞强。否则"不道早已"，也就是说不合乎道就早完蛋。总之，老子反对用兵称雄以及炫耀武力，也不喜欢战争，他认为:"胜利乃出于不得已。"取胜不要逞强,否则就远离了道,走向败亡。

【注释】

❶以道佐:用"道"去辅佐。佐,辅佐。❷人主:国君,君主。❸不以兵强于天下:不依靠武力在天下逞强。强,逞强。❹其事:指用兵这件事。❺还:还报,报应。❻师之所处,荆棘生焉:军队驻扎的地方,就会荆棘丛生。师,指军队。❼大军之后,必有凶年:大战过后,必然有灾荒年。❽果:一说是胜利的意思;一说是救济危难的意思。今从后一解。❾果:以后几个"果"都是达到目的的意思。❿早已:早死。这一章表现了老子对残酷战争的反对和谴责。

【译文】

用"道"去辅佐君主的人,不靠武力在天下逞强。使用武力这种事,必定会遭到报应的。军队所到之处,荆棘丛生。大战过后,必定是灾荒年。善于用兵打仗的人,只求达到救济危难的目的就是了,不敢用兵力来逞强于天下。达到目的而不自高自大,达到目的而不自我夸耀,达到目的而不自以为是,达到目的而要认为这是出于不得已,达到目的而不要逞强。(无论国家还是个人)凡是气势强盛之后就会走向衰亡,因为它是不合于"道"的,不合于"道"必然提早消亡。

31

【原文】

夫兵者❶,不祥之器。物或恶之❷,故有道者不处❸。君子居则贵❹左,用兵则贵右。兵者,不祥之器,非君子之器,不得已而用之,恬淡❺为上。胜而不美,而美之者,是乐杀人❻。夫乐杀人者,则不可得志于天下❼矣。吉事尚❽左,凶事尚右。偏将军居左,上将军居右。言以丧礼处之。杀人之众,以悲哀泣❾之,战胜以丧礼处之。

【章旨】

本章老子用"道"作为指导思想,充分表达了对战争所持的鲜明态度。他认为不能赞美战争,不要以为打了胜仗是美事,把打胜仗看成是好事的人,"是乐杀人"!这反映了老子的人道主义精神。老子反对战争,对兵器也感到厌恶,正如他指出的,"师之所处,荆棘生焉""大军之后,必有凶年"。但老子又并非是一个完全愤世嫉俗、脱离现实的理想主义者,他对现实、政治的深切关注,使他不能对战争进行全盘否定,只得以"不得已而用之"进行自我安慰,从而提出以"恬淡为上""胜而不美""以丧礼处之"等折中的办法,以解决人性与政治的矛盾和冲突。

【注释】

❶兵:兵器,也指军事、战争。❷物或恶之:大家都厌恶它。物,指人。❸有道者不处:有"道"的人不接近它。❹贵:以……为贵。❺恬淡:淡然,安静。老子以此代表有道的人在发动或进行"不得已"的战争时所应当表现出的迫不得已、并不喜欢战争的无可奈何心态,这种心态与尚武、好战者在战争中兴奋、激昂的精神状态是迥然不同的。❻而美之者,是乐杀人:(如果胜利之后)自以为了不起,这是以杀人为快乐。这是老子对尚武者心理状态的精妙概括。❼不可得志于天下:不可能在天下实现统治的愿望。❽尚:以……为尊贵。❾泣:同"莅",莅临、到场、参加的意思。

【译文】

兵器,这是不吉利的东西。所有人都厌恶它,所以有"道"的人是不会去接近它的。君子平时以居处左边为尊贵,打仗时以右边为尊贵。兵器是不吉利的东西,不是君子所使用的东西，万不得已才使用它，应当淡然处之。胜利了也不要得意扬扬，自以为了不起。扬扬得意，自以为了不起，就是以杀人为快乐。以杀人为快乐的人，就不能在天下实现统治的愿望。吉庆的事以左边为上，凶丧的事以右边为上。偏将军站在左边，上将军站在右边，这就是说出兵打仗用丧礼的仪式来处理。战争杀伤众多，要以悲伤哭泣去追悼死者，打了胜仗也要用丧礼的仪式去处理。

32

【原文】

道常无名❶。朴❷虽小，天下莫能臣❸也。侯王若能守之，万物将自宾❹。天地相合，以降甘露，民莫之令而自均❺。始制有名❻，名亦既有，夫亦将知止❼，知止所以不殆❽。譬道之在天下，犹川谷之于江海❾。

【章旨】

本章老子专门论述"道"无名而质朴的本性。老子说"道"是永恒的、纯朴隐微的，是脱离物质、超时空、超感觉的精神完体，它永恒存在，又是至高无上、妙用无穷的；接着要求守"道"，侯王不强行作为，万物就会自动服从，百姓就自然各得安乐。

再者老子说要知道"道"之所在，万物出现后有了名，既已有名，就要有个限度；严格守限，就会避免各种危险。最后老子用比喻生动说明"道"，这就如同天下归于大道、川谷流向江海一样。

【注释】

❶道常无名：道是永远没有名称的。❷朴：质朴。这是用来指称"道"的。❸天下莫能臣：天下没有能使它服从的。臣，名词作动词用，"使……为臣"，"使……服从"的意思。❹自宾：自己宾服。宾，宾服，服从。❺民莫之令而自均：百姓没有谁命令它，它却自然均匀。老子认为"道"的功用是均调普及，具有一种平等精神。❻始制有名：万物兴作，于是产生了各种名称。始，指天地万物的开始。制，作。❼止：止境，限度。❽不殆：避免危险。❾譬道之在天下，犹川谷之于江海：这句以江海比喻道、以川谷比喻天下万物，说明道的统领性。意即："道"为天下所归，正如江海为一切小河流所归一样。

【译文】

"道"永远没有名称，好像未经雕琢的一样。它虽然幽微不可见，天下却没有人能支配它。侯王如果能保有它，万物将会自动地服从。天地之间阴阳之气相合，就降下甘露，人民没有谁命令它，它却自然均匀。万物兴作，就产生了各种名称；各种名称已经产生，就要知道适可而止；知道适可而止，就可以避免危险。"道"为天下所归，正如江海为一切小河流所归一样。

33

【原文】

知❶人者智，自知者明❷。胜人者有力，自胜者强❸。知足者富，强行者❹有志。不失其所者❺久。死而不亡❻者寿。

【章旨】

本章老子用"道"作为指导思想来阐述个人精神修养，观点鲜明，论述精辟，可谓至理名言。仅仅八句，却涉及知识、学习、力量、财富、志向、生命等诸多方面问题。强调修身养性要做到有自知之明、克服自己的弱点、坚持力行、人总要有精神等，这些都是具有积极意义的。

这一章老子讲的是高层次的修养问题，那得"道"的圣人，崇尚的不仅是"知人"，而且是要"自知"的明智，只有达到"自知""自胜""知足""强行"，才可能使自己的精神与思想成为长久的存在，从而实现自己的人生追求。

【注释】

❶知：知道，了解。❷明：高明，聪明。❸强：这是老子使用的特殊概念，含有果决的意思。❹强行者：顽强坚持的人。❺不失其所者：不失根本的人。所，所在，处所。❻死而不亡：身体已经死亡，但其精神依然被世人遵循。

【译文】

认识他人叫作机智，认识自己才叫作高明。战胜别人叫有力，战胜自己才算作刚强。知道满足的就是富有。顽强坚持就是有志。不离失根基、不迷失本性的才能持久。身死而精神长存的才是真正的长寿。

34

【原文】

　　大道氾兮❶，其可左右，万物恃之以生而弗辞❷，功成而不有❸。衣养万物而不为主❹，常❺无欲，可名于小❻；万物归焉而弗为主，常无名，可名于大❼。以其终不自为大，故能成其大❽。

【章旨】

　　本章重在论述"道"的功能、本性之博大，阐述"道"既是宇宙本性，又是普遍规律。它既体现大与小的普遍性，又综合了正与反，有与无的逻辑形式。本章可分三个层次。第一层说明道体广大，永存宇宙，独立运行，无所不在。第二层论证"道"的伟大崇高，其一是"功成而不有"；其二是"万物归焉而弗为主"。"道"是万物产生的根源，它滋养万物，却又不主宰它们。"道"这种本性是值得歌颂的。在今天看来，也就是奉献精神。第三层说明原因：是因为它不据为己有，不自以为大，所以才能成就伟大。天道如此，人道也是如此。老子这充满辩证法的名言，是中华民族传统文化的精华。

【注释】

❶大道氾兮：大道像河水泛滥一样（无所不至）。氾，水向四处漫流，叫作泛滥。❷万物恃之以生而弗辞：万物依它而生，它从不推辞。弗，同"不"。辞，推辞，拒绝。❸功成而不有：有所成就而不自以为有功。老子在此借描述"道"的性质（生养万物，却不加以丝毫主宰）来阐述他顺其自然而不为主的精神，这种精神是崇高的、伟大的。❹衣养万物而不为主：滋养着万物，却不做它们的主宰。衣养，养育。不为主，不自以为主宰。❺常：恒久不变。❻可名于小：可以称它为渺小。由于道生养万物而不自以为主宰，也就是说，万物由道生养，却不知道是由道所生养，好像这个"道"是不存在的一样，因此可以说它是"小"。❼万物归焉而弗为主，常无名，可名于大：万物归附于"道"，而它却不自以为主宰，因此可以说它是伟大的。❽以其终不自为大，故能成其大：由于"道"不自以为伟大，所以才成就了它的伟大。这一句说出了"伟大"的品格，不自以为是，反而能有大成。而这种不自以为是，并非故作谦逊，而是自然品性的流露。以，由于，因为。成，成就，成全。

【译文】

大"道"像泛滥的河水一样,汹涌澎湃、无边无际,万物依靠它生存,而它对万物却从不干涉,大功告成却不自以为有功。(它)养育了万物却不自以为主宰,它从没有任何欲望,可以说是很渺小;万物归附于它,而它却不当万物的主宰,可以说真是伟大。因此,圣人之所以能成就伟大,是因为他始终不自以为伟大,所以才造就了真正的伟大。

35

【原文】

执大象❶,天下往❷。往而不害❸,安平泰❹。乐与饵❺,过客止❻。道之出言❼,淡乎其无味❽。视之不足见❾,听之不足闻❿,用之不足既⓫。

【章旨】

本章老子歌颂"道"的伟大功能,再一次指出"道"的伟大,赞美它给民众带来安定的生活。"道"虽然看不见,听不着,却化育万物,作用无穷。掌握住大道,天下人归顺,归顺道就可自然过平和安泰的美好生活。"道"淡而无味,视之不见,听之不闻,平凡得没有吸引力,但它的不平凡之处在于它的作用无穷无尽。

总之,"道"的气质是貌似平凡,却不平凡,它是平凡中的伟大,其伟大源于平凡。这反映了老子的"无为而无不为"的哲学思想。

【注释】

❶执大象：执守大道。执，执守，奉行。象，即"道"，道是"大象无行"，是"无象之象"。道产生天地，无处不在，是宇宙中最大的象。❷天下往：天下都会来归顺。天下，指天下的人们。往，归往。❸往而不害：即使天下的人们都向它投靠，也不会互相妨害。❹安平泰：平静而祥和。安，于是。平，平和。泰，安泰。❺乐与饵：音乐与美食。乐，音乐。饵，美味佳肴。❻过客止：让人停下脚步。止，使……停住不走。❼道之出言："道"用嘴说出来，也即"道"的表述。❽味：味道。❾见：看见。❿闻：听见。⓫既：尽，用完。

【译文】

谁执守大"道"的法象原则，天下的人就都会归顺于他。相互不会互相妨害，大家都平和安泰。音乐和美食，能使过路的行人停下求道的脚步。而"道"的讲述，平淡得没有味道。看它看不见，听它又听不到，用它却用不完。

36

【原文】

　　将欲歙❶之，必固张❷之；将欲弱❸之，必固强❹之；将欲去❺之，必姑兴❻之；将欲夺❼之，必固予❽之。是谓微明❾。柔弱胜刚强。鱼不可脱于渊❿，国之利器⓫不可以示人。

【章旨】

　　本章老子阐述其辩证思想，从现象到本质阐明"道"的"柔弱胜刚强"的原理。老子开头以排比句式列举歙与张，强与弱，废与兴，夺与与四对矛盾，观察了其对立转化的现象，阐明他所观察摸索到的客观事物发展变化的规律——物极必反，势强必弱。其次进一步推导出了本质原理——"柔弱胜刚强"。最后老子用"柔弱胜刚强"的原理，告诫统治者不要显示强权，逞强恃暴是不会持久的，必然会走向反面。

【注释】

❶歙（xī）：收敛，闭合。❷固：定。张：扩张。❸弱：削弱。❹强：形容词作动词用，使……强。❺去：废弃。❻兴：兴起，兴举。据汉简帛本，"兴"当作"举"。❼夺：夺取。据汉简帛本，"夺"当作"取"。❽予：给。据汉简帛本，"夺"当作"予"。❾微明：看不见的聪明，即深沉的聪明。明，明通，聪明。一说明是征兆的意思，微明，就是幽微的征兆。❿鱼不可脱于渊：鱼不能离开深渊。脱，脱逃。渊，深渊。⓫利器：一说指权道、权谋。一说指军事力量。一说指权势禁令等政治手段。本文取最后一解。

【译文】

将要收敛它，必定先扩张它；将要削弱它，必定先强盛它；将要废弃它，必定先使它兴起；将要夺取它，必定先给予它。这就叫作深沉的预见。柔弱胜过刚强。鱼不能离开深渊，治国、治家的策略、制度不能轻易出示于别人。

37

【原文】

道常无为❶而无不为❷。侯王若能守之,万物将自化❸。化而欲作❹,吾将镇之以无名之朴❺。镇之以无名之朴,夫亦将无欲❻。不欲以静❼,天下将自定❽。

【章旨】

本章是"道经"的最后一章,老子把第一章提出的"道"的概念,最后落实到其理想的社会和政治——自然无为。

就其无目的、无意识来说,"道"是宇宙本体,永恒不变,是"无为"的,但就其生长万物来说,"道"又是"无所不为"。

"无为"并不是什么都不做,而是不刻意去做、不刻意去经营。一切都顺其自然,最终达到"无所不为"。在老子看来,统治者如果能够行大"道",依照"道"的法则为政,顺应自然,不妄加干涉,百姓们将会自由自在、自我发展。

老子还提出了要达到社会稳定就要无欲的主张。"不欲以静",天下自然安定。统治者如果可以依照"道"的法则为政,不危害百姓,不胡作非为,老百姓就不会滋生更多的贪欲,他们的生活就会自然、平静。

【注释】

❶无为:顺其自然,不妄为。❷无不为:没有一件事不是它(指"道")所做的,这正是"无为"(不妄为)产生的结果。❸自化:自我生长,自我化育。❹化而欲作:自我生长,而有贪欲萌生。欲,欲望,贪欲。作,萌发,出现。❺吾将镇之以无名之朴:我将用道的质朴来镇服。镇,压制,镇服。以,用。无名,指"道"。朴,形容"道"的质朴。❻欲:私欲。❼静:宁静。❽自正:自然正常,安定。

【译文】

"道"经常不作为,但是没有一件事不是它所作为。侯王如果能保有它,万物就会自生自长。(人们)在自生自长时,(慢慢地有可能)贪欲萌生,我将用"道"的质朴来镇住它们。用"道"来震慑,贪欲就兴不起来。拒绝了私欲就可以得到宁静,天下将会自然太平安定。

下篇

德经

38

【原文】

　　上德不德❶，是以有德；下德❷不失德，是以无德。上德无为而无以为❸，下德无为而有以为❹。上仁为之而无以为，上义为之而有以为。上礼为之而莫之应❺，则攘臂而扔之❻。故失道而后德❼，失德而后仁，失仁而后义，失义而后礼。夫礼❽者，忠信之薄而乱之首。前识者❾，道之华❿而愚之始。是以大丈夫处其厚⓫，不居其薄⓬，处其实，不居其华。故去彼取此⓭。

【章旨】

　　"道"和"德"是老子哲学的基本概念。"德"是"道"的基本特征和体现。本章是《德经》的开篇，主要把德分为两类：上德和下德。

　　"上德"是最高的德，是道之德，是无为之德，是天道自然无为的体现；"下德"是世俗所崇尚的"德"，表现为仁义礼，是有为之德。"上德"，即基本上能认识和掌握"道"的人，是"无为而无以为"；"下德"，即不能认识和掌握"道"的人,是"无为而有以为"。

"上德"和"下德"的界线在于是"无为"还是"有为"。

【注释】

❶上德不德:上德的人不以德为德,不自居有德。前一个"德",是名词,道德。后一个"德"用作动词,以……为德。❷下德:与上德相对。❸上德无为而无以为:上德的人顺其自然而无心作为。以,有心,故意。❹下德无为而有以为:下德的人在形式上表现"无为"却有心作为。❺上礼为之而莫之应:上礼的人有所作为却得不到别人的回应。❻攘臂而扔之:伸出手臂来加以牵扯。攘臂,伸出手臂。扔之,用手强拽他们。❼失道而后德:失掉了"道"而后才有"德"。❽礼:是忠信的不足,祸乱的开端。❾前识者:有先见的人,先知。❿华:浮华,虚华,与实相对,喻指虚浮不切实的东西。⓫处其厚:立身于淳厚(的品德)。厚,淳厚。⓬薄:浅薄,不足,此指"礼"。⓭去彼取此:去掉虚华的"礼",采取厚实的"道"与"德"。

【译文】

品德高尚的人，不在乎形式上的"德"，因此有德；品德低下的人，死守着形式上的"德"，因此就没有德。品德高尚的人顺应自然而无所作为；品德低下的人没有什么作为，却想为着什么去作为。最仁爱的人有所作为，但是不想为着什么去作为。最正义的人有所作为，而且是想为着什么去作为。最有礼节的人有所作为，可是人家都不理睬他，他就扬起胳膊推搡强迫人服从。所以，失去了道，然后才有德；失去了德，然后才有仁；失去了仁，然后才有义；失去了义，然后才有礼。礼节，标志着忠信的薄弱、不足，是祸乱的开始。所谓有先见之明的人，只认识道的皮毛，是愚昧的开始。因此，大丈夫立身淳厚，不居于浅薄，存心朴实，不居于虚华，所以要舍弃那些虚华的"礼"，而采取这敦厚笃实的"道"与"德"。

39

[原文]

昔之得一者❶：天得一以清❷，地得一以宁❸，神得一以灵❹，谷得一以盈❺，万物得一以生，侯王得一以为天下贞❻。其致之也❼，谓❽天无以❾清，将恐裂❿；地无以宁，将恐发⓫；神无以灵，将恐歇⓬；谷无以盈，将恐竭；万物无以生，将恐灭；侯王无以贞，将恐蹶⓭。故贵以贱为本，高以下为基，是以侯王自称孤、寡、不穀⓮。此非以贱为本邪？非乎？故至誉无誉⓯。不欲琭琭⓰如玉，珞珞⓱如石。

[章旨]

本章阐述道的作用和侯王的谦下态度。

"一"是数的开始，在老子的哲学思想中指的是万物统一根源的"道"，即产生万物和支配万物的客观精神。

得到"一"即得到"道"，也就有了"德"。不论是天、地、神、谷，还是万物、侯王，都来源于"道"，即"一"。如果离开"道"，天地万物就不会有生存安宁。

由此推及人间，侯王要从"道"的原则出发，深藏若虚，不能一意自逞，否则就会走向灭亡；要能处下位，自立于根本之上，无为而最终做天下的首领，即贵以贱为根本，高以下为基础，没有老百姓为根本和基础，就没有高贵的侯王。这体现了老子重视事物反面价值的思想。

【注释】

❶昔之得一者：古来得到"道"这个"一"的。一，指"道"，是"道"的别名。❷天得一以清：天得到这个"一"而清明。❸宁：稳定。❹灵：灵验。❺谷：河谷。盈：充满。❻侯王得一以为天下贞：侯王得到"一"，因而做了天下的首领。贞，首领。❼其致之也：如果推广言之。其，如果。致，相当于"推"，至于，达到。❽谓：推而言之。❾无以：相当于无已。已，停止，完毕。❿裂：崩塌，破裂。⓫发：通"废"。陷塌。⓬歇：消歇，休息。⓭蹶：跌倒，颠覆，引申为挫折，失败。侯王的失败就是亡国。⓮孤、寡、不榖：古代君主自谦之词。孤，意思是说自己孤单，有争取臣民拥护的意思。寡，与孤相似。一说孤、寡分别是孤德、寡德的意思，即指自己德行不好。不榖，有不善的意思。有人怀疑侯王的这些谦称是受道家思想的影响而提出的。⓯至誉无誉：

至誉，最高的赞誉。无誉，无须夸誉。王弼本原作"致数与无与"，"致"即"至"，"与"通"誉"。⓰ 琭琭如玉：像玉那样华美。琭琭，形容玉的华美。⓱ 珞珞：亦作"硌硌"，形容石块的坚实。

【译文】

古来凡是得到道这个"一"的——天得到"一"就清明，地得到"一"就安宁，神得到"一"就灵验，山谷得到"一"就充盈，万物得到"一"就生长，侯王得到"一"就做了天下的首领。推而言之，也就是说，天如果不能保持清明，恐怕就要崩裂；地如果不能保持安宁，恐怕就要陷塌；神如果不能保持灵验，恐怕就要消失；山谷如果不能保持盈满，恐怕就要枯竭；万物如果不能保持生长，恐怕就要灭绝；侯王如果不能保持首领的地位，恐怕就会亡国。所以贵以贱作为根本，高以下作为基础，因此，侯王才自己谦称为"孤""寡""不穀"。这难道不是把低贱当作根本吗？难道不是吗？所以最高的赞誉无须赞誉。因此，（人君应当）不愿意如玉一般华美，而宁可像石块一样坚实朴质。

40

【原文】

　　反者，道之动❶；弱者，道之用❷。天下万物生于有，有生于无❸。

【章旨】

　　本章说明道的特征和作用，篇幅虽短，却是老子思想的要领。老子主要指出自然界中的一切事物都是依着一定规律循环和相互转化的，没有离去，就不会有返回，没有"有"就没有"无"，这是一条辩证法的原则。

【注释】

❶反者，道之动：本句指出作为本体的道，其运动特征是循环往复的。反，通"返"，返回，还原。道之动，"道"的运动（规律）。❷弱者，道之用：道的作用是柔弱的。弱，柔弱。用，作用，运用。❸天下万物生于有，有生于无：本句指出生成万物的本源是"有"和"无"。"有""无"都指"道"。"有"指现象界的具体存在物，"无"指超验的"道"。

【译文】

"道"的运动是相反相成、循环往复的;柔弱是"道"的运用特征。天下万物生于"有",而"有"产生于"无"。

41

【原文】

上士❶闻道,勤❷而行之;中士闻道,若存若亡❸;下士闻道,大笑之❹。不笑不足以为道❺。故建言❻有之:明道若昧,进道若退,夷❼道若颣❽,上德若谷❾,广德❿若不足,建德若偷⓫,质真⓬若渝⓭,大白若辱⓮,大方无隅⓯,大器晚成,大音希声⓰,大象无形⓱。道隐无名⓲。夫唯道,善始且善成⓳。

【章旨】

本章含义分三层。

首先老子论述对悟道的三种不同态度,将"士"分为上、中、下三等,只有"上士"可勉强修道行德,"中士"听了道,有时想起有时遗忘,"下士"听了道大加嘲笑。以此说明"道"隐微深奥的特性不易为一般人所领会。它的特性异常,本质未现,价值不同凡响。

接着说明上述"士"不同态度的由来,是由于"道"的高深莫测,从有形与无形、存在与意识、自然与社会诸领域的多种事物的本质与现象中，表明现象与本质的矛盾统一关系，它们互相对立，又互相依存，彼此具有统一性，从矛盾的普遍性观点，说明相反相成是事物发展变化的规律，充满辩证法思维。

末尾呼应开头"道"，并阐明"道"的重要功能与威力。

【注释】

❶士：古代的读书人。❷勤：积极勤奋。❸若存若亡：有时想起，有时忘掉。存，留在心里。亡，同"忘"。若，相当于"或""有时"的意思。❹大笑之：对"道"大加讥笑。❺不笑不足以为道：不被嘲笑，那就不足以成为"道"。❻建言：立言，设言。❼夷：平坦。❽纇（lèi）：崎岖，不平坦。❾上德若谷：崇高的德好像低谷。上德，崇高的"德"。谷，低下的山谷。❿广德：高深广大的德行。⓫建德若媮：刚健的德像怠惰的样子。建德，刚健的"德"。媮，怠惰、松松垮垮的样子。⓬质真：质朴纯真。一说质为实的意思，真指"德"。⓭渝：一说改变、不能坚持的意思。一说变污、混浊的意思。一说质真是充实的德，渝通"窬"，空虚的意思。今从最后一解。⓮大白若辱：极度的白好似受了玷污。辱，

黑，黑垢。大白，最白。⑮大方无隅：最方正的却没有棱角。大方，最方正。隅，角。⑯希声：无声。⑰大象无形：最大的形象，看起来反而不见形体。⑱道隐无名："道"隐微而没有名称。⑲善始且善成：善于开始而且成就万物。始，开始。成，成功。

【译文】

上等士人听见"道"的道理，勉强能有所施行；中等士人听见"道"的道理，有时想起，有时忘记；下等士人听见"道"的道理，就大加嘲笑。不被嘲笑，也就算不上真正的"道"了。所以古来通常有这样的说法：光明的"道"好像很暗昧，前进的"道"好似后退，平坦的"道"好像崎岖；崇高的"德"好似低下的山谷，广大的"德"好像不足，刚健的"德"好像怠惰的样子，纯真的"德"好像污染变质；最洁白的好像乌黑，最方正的东西反而没有棱角，最宝贵的器物总是最后才完成；最大的乐声听起来反而少有声音，最大的形象反而看不见形体。"道"隐微而没有名称。只有这大"道"，才善于产生一切，而又善于成就一切。

42

【原文】

道生一❶，一生二❷，二生三❸，三生万物。万物负阴而抱阳❹，冲气以为和❺。人之所恶，唯孤、寡、不榖，而王公以为称❻。故物，或❼损之而益❽，或益之而损。人之所教❾，我亦教之：强梁者不得其死❿，吾将以为教父⓫。

【章旨】

本章分两部分，前半部分讲道是万物的起源。先说万物生成有一个从无到有、由简而繁的过程，然后讲万物负阴而抱阳，阴阳二气相交冲而达于平衡。后半部分由自然之道推及人和事，讲柔弱、退守是处事的最高原则。

全章由道一而说万物，由万物而说阴阳，由阴阳而说损益。"万物负阴而抱阳，冲气以为和"，论述的就是阴阳配合的运动规律。"故物，或损之而益，或益之而损"，论"道"的运动可分两方面：一是发展，二是转化。文章结尾处发出"强梁者不得其死"的警告，此指背道行事的强霸人，绝没有好下场。这说的就是转化，因而保持柔弱的地位是"道"的运用。老子认为只有守柔、抑强，才符合"道"的原则，才能有益无损。谦受益，满招损，渗透着辩证法。

【注释】

❶道生一：指道是独一无二的统一体。一，指"道"，由于"道"是独一无二的，又是混沌的宇宙原质，因此老子称它为"一"，这在本书中经常可见，如"昔之得一者……"（三十九章）、"是以圣人抱一为天下式"（二十二章）等。❷一生二：指"道"渐趋分化成阴阳二气。二，指阴、阳二气，也就是天、地。"道"在混沌未分时本来就具备阴阳二气，而这阴阳二气是万物生成的基本元素；"道"在向下落实、渐趋分化时，阴阳二气的活动也渐趋频繁、分明。❸二生三：有了阴阳，很多东西就产生出来了。三，不是实指，而是多数的意思。❹负阴而抱阳：背阴而向阳。负，在背后。抱，在胸前。❺冲气以为和：阴阳二气相互激荡交流而呈现出匀调和谐的状态。冲，涌摇，激荡，交流。和，指阴阳相合的和谐匀调状态。❻以自称：以为称，用这些字眼作为自称。❼或：有时。❽损之而益：损害它，它却反而得到增益。❾人之所

教：人们用来教人的话。⓾强梁者不得其死：强暴的人不得善终。强梁者，强悍的人。不得其死，不得好死。⓫教父：父，通"甫"。开始。教人的根本。

【译文】

道产生于作为统一体的原始混沌之气，这个统一体产生出阴阳二气，阴阳二气相交而成为一种调匀和谐的状态，这种适匀状态便产生出千差万别的东西。万物背阴而向阳，阴阳二气互相激荡而达成和谐。人们所厌恶的，就是"孤""寡""不榖"，但王侯们却用这些字眼来称呼自己。所以，一切事物，有时贬低它，却反而使它得到增益；有时抬高它，却反而使它遭受贬低。人们教导人的话，我也用来教导人：强悍的人不得善终。我要把这句话作为教人的根本。

43

【原文】

天下之至柔❶，驰骋天下之至坚❷。无有入无间❸，吾是以知无为之有益。不言之教❹，无为之益，天下希❺及之。

【章旨】

本章阐述柔能胜刚、弱能胜强的道理，由此推及人和事，指出无为的好处。老子一贯主张"守柔""无为"。柔弱是"无为"，刚强属"有为"；最坚强的东西阻挡不了最柔弱的东西，"坚强"不如"柔弱"，"有为"不如"无为"。因此本章总结出："无为之有益。"老子申述"天下希及之"，说明守柔才是常胜之道。

【注释】

❶天下之至柔：天下最柔软的东西。❷驰骋天下之至坚：奔驰出入于天下最坚硬的东西。驰骋，奔驰。坚，坚硬的东西。❸无有入无间：无形的力量能穿透没有间隙的东西。无

有，指看不见的东西。无间，没有间隙。❹不言之教：不说出来、不发号训诫的教导。这与"无为"是同一个意思。❺希：稀少，罕见。

【译文】

天下最柔弱的东西，能够驱使天下最坚硬的东西。无形的力量能穿透没有间隙的东西，我因此知道了"无为"的好处。不用言辞的教导，无所作为的益处，天下人很少能够做到。

44

【原文】

名❶与身❷孰亲❸?身与货❹孰多❺?得❻与亡❼孰病❽?是故❾甚爱❿必大费⓫,多藏必厚亡⓬。故知足不辱⓭,知止不殆⓮,可以长久。

【章旨】

本章主要阐述老子的贵身重己、轻利的思想,指出贪求名利的弊害。本章开头提出三个发人深思的问题:第一个问题讲人不应该为名,第二个问题讲人不应该为利,第三个问题要人考虑得失:甚爱大费,多藏厚亡,这类都是"失"的例子。知足不辱,知止不殆,这些都是"得"的例子。当你领悟孰得孰失,那就知道该怎样去做、不该怎样做,因此也就可以长久安全。

本章指出在人类社会中,同样存在着对立物相互转化的自然法则。老子要人们注意,不要因争得名利而丧生,要少私寡欲,知足知止,清静无为,顺其自然。

【注释】

❶名：声名，荣誉。❷身：身体，指生命。❸亲：亲近，重要。❹货：财货，财产。❺多：贵重。❻得：获得（名誉、财产）。❼亡：丧失，失去（生命）。❽病：有害。❾是故：因此。❿甚爱：过分喜爱虚名，一说爱指怜惜、吝惜。⓫大费：很大的破费、耗费。⓬多藏必厚亡：丰富的贮藏必定会招致惨重的损失。厚，形容损失的多和重。⓭知足不辱：知道满足，就不会遭受屈辱。⓮殆：危险。

【译文】

名声与生命相比，哪一个更重要？生命与财产相比，哪一个更贵重？获得名利与失去生命相比，哪一个更有害？因此，过分吝惜必定招致更多的破费，丰厚的贮藏必会招致惨重的损失。所以，知道满足就不会遭受屈辱，知道适可而止就不会遇到险情，这样才可以保持长久安定。

45

【原文】

　　大成❶若缺，其用不弊❷。大盈若冲❸，其用不穷❹。大直若屈❺，大巧若拙❻，大辩若讷❼，大赢❽若绌❾，其用不屈❿。静胜躁，寒胜热。清静为天下正⓫。

【章旨】

　　任继愈《老子新译》说："这一章讲的是辩证法思想。老子认为有些事物表面看来是一种情况，实质上又是一种情况。表面情况和实际情况有时完全相反。在政治上不要有为，只有贯彻'无为'的原则，才能取得成功。"

　　卢良彦《老子新解》说："这一章充满了辩证道理。要注意一个'若'字，'大成若缺'，大成不等于缺，仅仅是像缺，有大的成就时要不骄不躁好像没有大的成就一样，这样就会立于不败之地。其次，要完成大的目标，小的迁就是必要的，如果不愿做小的迁就而坏了大的目标，就贻害无穷，这就叫'大直若屈'。再次，对立面常常互相制约，特别是对立面的主导方面作用更大。办事要好好利用对立面主导方面的作用。老子是以清静无为作为治理天下的主导面的。"此说颇有见地。

【注释】

❶大成：最完满的东西。成，成就，完满。❷弊：停止。❸冲：虚空。❹穷：穷尽，穷竭。❺屈：弯曲。❻拙：笨拙。❼大辩若讷：最有辩才的却好像不善言辞。辩，有口才的人。讷，说话迟钝、笨拙。"若缺""若冲""若屈""若拙""若讷"都是对一个完善人格外在形态的描述，"大成""大盈"才是他的本质。老子的理想人格与其虚静、退守的人生追求是一致的。❽赢：赢利。❾绌：通"黜"，亏本。❿屈：穷尽。⓫正：通"贞""政"，首领，君长。

【译文】

最完满的东西就好像有所欠缺一样，但是它的作用是不会停止。最充实的东西好像空虚的一样，可是它的作用是不会穷尽的。最平直的东西好像是弯曲的一样，最灵巧的东西好像是笨拙的一样，最好的口才好像不善言辞一样，最大的赢利好像亏本一样，它的作用永远不会穷尽。清静战胜浮躁，寒冷战胜炎热。清静无为便可以成为统治天下的君长。

46

【原文】

天下有道❶,却走马以粪❷。天下无道❸,戎马生于郊❹。罪莫大于可欲❺,祸莫大于不知足❻,咎❼莫大于欲得❽。故知足之足,恒足矣❾。

【章旨】

本章老子反对战争的观点十分鲜明。

前半部分讲述战争的影响和没有战争的太平盛世。二者对比,使人心有所想。这体现出老子对民生疾苦的关心。

后半部分指出发生战争的根本原因是统治者的贪欲,从而提出解决战争的方法,即统治者应该"知足",只有知足才能抵制不断膨胀的私欲,消除祸害的根源,从而使得天下安定。老子还进一步指出,"知足"是真正满足的前提,只有"知足之足"才是恒久的满足。这是老子为解决矛盾、避免战争、消解痛苦而开的良方,他把主观上的知足作为一种根本性的消解矛盾的方法。

【注释】

❶天下有道：天下太平。❷却走马以粪：退回战马去耕田。却，退却，退回。走马，指战马。粪，运粪种田。❸无道：天下大乱。❹戎马生于郊：战马被生在战地的郊野上。戎马，就是战马。生于郊，（小马驹）被生在战地的郊野上。❺罪莫大于可欲：没有比欲望多更大的罪过。欲，增多欲望，扩张野心。❻祸莫大于不知足：没有比不知足更大的祸患了。❼咎：过失，罪过。❽欲得：贪得无厌。❾故知足之足，恒足矣：所以知道满足，才是永远满足了。

【译文】

天下政治清明，（没有战争）战马就会退还给老百姓去耕田种地。天下政治秩序混乱，（战争频繁）连怀胎的母马也要上战场，以至在战场上生下小马驹。没有比欲望多更大的罪过，没有比不知足更大的祸患，没有比贪得无厌更大的灾殃了。所以，知道满足的这种满足，才是永远的满足。

47

【原文】

不出户❶，知天下❷；不窥❸牖❹，见天道❺。其去❻弥❼远，其知弥少。是以圣人弗❽行❾而知，弗见❿而名⓫，弗为而成⓬。

【章旨】

本章论述认知关系。老子认为，道是世界万物的本原，掌握了道就可以明晰一切。而认识"道"，需要自省感悟，下功夫提高自我修养，这样才能领悟"天道"，知晓天下万物的变化发展规律。

【注释】

❶不出户：不用出门到外面去。❷知天下：就能够知道天下的事。❸窥（kuī）：从小孔隙里看。❹牖（yǒu）：窗户。❺天道：指自然万物发展变化的规律。❻去：指走出门外。❼弥：越，愈。❽弗：不。❾行：出行，出门走动，也指行动、实践。❿见：观察，看见。⓫名：即"明"，明白。⓬成：成功，成就。

【译文】

不出家门,就能够知道天下的事情。不望窗外,就能够认识宇宙万物之道。出门走得越远,所知道的情况却越少。(若有知,不须出户。若无知,出越远越迷惑。)所以,有"道"的圣人不用亲自走出去就能知道外界的情况,不用亲自观察就能明事物,不挖空心思去作为却能成就大事。

48

【原文】

为学日益❶，为道日损❷。损之又损，以至于无为，无为而无不为❸。将欲取❹天下者，常以无事❺。及其有事❻，不足以取天下。

【章旨】

本章老子从"为学""为道"谈起，主张驱除心灵的遮蔽，修行清静无为之道，即"损之又损，以至于无为"。

老子强调无为，但事实并非如此。"无为而无不为"反映了老子最终目的是"有为"的，是帮统治者取天下而出谋划策。

让百姓去除私欲，安分守己，而统治者要无所行动就取得天下。

【注释】

❶为学日益：追求仁义圣智礼法这类世俗学问，则奸邪一天天增加。为学，指对仁义圣智礼法等东西的追求。日益，学

习仁义礼智信这类知识，奸邪一天天增加。❷为道日损：学道的目的是让私欲一天天减少。为道，这里是指通过冥想或体验以领悟事物未分化状态的"道"，这里的"道"指自然之"道"、无为之"道"。❸无为而无不为：不妄为，就没有什么事情做不成。❹取：治理，掌握。❺常：经常。以：介词，用。无事：清静无为。❻及：等到。有事：有为，指政治措施繁多严苛。

【译文】

追求仁义圣智礼法这类世俗学问，则知识一天天增加；修行自然之"道"、无为之"道"，则私欲一天天减少。减少了再减少，一直到返璞归真以至于什么都不知道，达到无为的境地。顺应自然不妄为，就没有成不了的事。要想取得天下，就不要有任何作为，如果显示有什么行动，那么就不可能夺取天下。

49

【原文】

　　圣人无常心❶，以百姓心为心❷。善者吾善之，不善者吾亦善之，德善❸。信❹者吾信❺之，不信者吾亦信之，德信❻。圣人在天下，歙歙❼，为天下浑其心浑❽焉，百姓皆注❾其耳目，圣人皆孩❿之。

【章旨】

　　本章主要讲圣人之治。得道的圣人是老子理想中的君主，他能够摒弃自己的主观意志，宽容待人，不斤斤计较于是非善恶的分别，对待善良的人和不善良的人、诚实的人和不诚实的人都"善之""信之"，并且理想的君主还要收敛自己的欲望。

　　事物都要一分为二来看，老子认为对人要善良、诚实，对百姓要关心，在任何一个时代都是有积极意义的，都应提倡。

　　但对不善之人、不信之人同样对待，却有一定的局限性。

【注释】

❶圣人无常心：圣人没有私心。圣人，得"道"的人。心，偏心，指主观偏见。❷以百姓心为心：以老百姓的意志为意志。老子在本章讲的"圣人"，是他心目中理想的有"道"的统治者形象。老子认为，理想的统治者，应当收敛自己的意欲，不以自己的主观认识作为区别是非善恶的标准，努力克服自我中心而去体会百姓的疾苦与需求。❸德善：整个时代的品德归于善良。德，指整个时代的品德。❹信：名词，诚实的人。❺信：动词，信任。❻德信：整个时代的品德归于诚实。❼歙（xī）歙：指统治者收敛自己的意志。歙，合、收敛的意思。❽浑：使人的心思归于混沌、纯朴。❾注：专注，关注。❿孩：名词作动词用，使……像孩子一样。

【译文】

有"道"的"圣人"没有偏见，没有私心，（他）以老百姓的意志作为自己的意志。善良的人，要善待他们；不善良的人，也要善待他们，这样整个时代的品德就归于善良了。诚实的人，以诚实对待他；不诚实的人，也以诚实对待他，于是整个时代的品德就归于诚实了。圣人治理天下，将收敛自己的意欲，使人心归于混沌、纯朴。老百姓的视听都集中在圣人身上，圣人则使他们都回复到婴孩般的淳厚质朴状态。

50

【原文】

出生入死❶。生之徒❷十有三❸,死之徒❹十有三。人之生,动之死地❺,亦十有三。夫何故?以其生生之厚❻。盖❼闻善❽摄生❾者,陆行❿不遇兕⓫虎,入军⓬不被⓭甲兵⓮;兕无所投⓯其角,虎无所措其爪,兵无所容其刃。夫何故?以其无死地⓰。

【章旨】

本章主旨是论摄生。人生在世,大约有十分之三长寿,十分之三短命的,这十分之三本来可以长寿,却因种种原因夭折,主要是因为奉养过分了。

但有极少一部分人是"善摄生者"。综观《老子》全书,这些人是得"道"的圣人,他们善于保养身体,各种危险也远离他们,所以他们可以长久存在。

为何能长久存在,从老子其他篇章可以了解到事物如果不背离根本,不沦谕本真,无以生为生,则深陷战事而不会受损害，在路上行走也不会被人侵害。这就是赤子之人可以效仿珍贵的地方。也是能长久生存的原因。

【注释】

❶出生入死：出世为生，入土为死，脱离了生就进入了死。出生，指出世，即出现于世上。入死，死后埋入地下。❷生之徒：正常活着的人。徒，通"途"，路途，途径。❸十有三：十分之三。❹死之徒：夭折的那些人。❺动之死地：人本来可以得生，但是却走向了死路。❻生生之厚：为追求长生而过分地享受，酒食厌饱，奢侈淫逸，奉养过厚。❼盖：用于句首的语气词。❽善：擅长。❾摄生：养生。摄，调摄，养护。❿陆行：在陆地上行走。⓫兕（sì）：古代犀牛一类的独角兽。⓬入军：到军队中参战。⓭被：动词，遭到。⓮甲兵：武器、兵士，这里代指攻击。⓯投：掷，撞击。⓰无死地：没有进入死亡的地域。

【译文】

人出现于世上就是生，入于坟墓就是死。天下正常活着的人，占十分之三；夭折死去的人，占十分之三；人本来可以活得长久，却自己走向死路的，也占了十分之三。为什么会这样呢？因为过于看重生存与奉养了。听说善于养护生命的人，在陆地上行走不会遇到犀牛和老虎，在军队中打仗不会受到杀伤；在他身上，犀牛没有地方撞击它的角，老虎没有地方用上它的爪，兵器没有地方容纳它的刃。是什么原因呢？因为他没有连累自身的地方，所以没有取死之地吧。

51

【原文】

　　道生之❶，德畜之❷，物形之❸，势成之❹。是以万物莫不尊道而贵德。道之尊，德之贵，夫莫之爵❺，而恒自然❻。故道生之，德畜之，长之育之❼，亭❽之毒❾之，养之覆❿之。生而弗有，为而弗恃，长而弗宰⓫，是谓玄德⓬。

【章旨】

　　本章阐述万物形成、生长的四个过程："道生之""德畜之""物形之""器成之"。这四个过程是自然而然形成的。

　　"道"是万物存在的根源和依据，"道"虽然创造了万物，"德"虽然畜养了万物，但是"道"生长万物不据为己有，协助万物而不自恃有功，引导万物而不主宰他们，从而达到德的最高境界。

【注释】

❶道生之："道"生成万物。之，指万物。❷德畜之："德"畜养万物。德，道分化于万物就成为"德"。❸物形之：具

物形状万物。❹器成之：器物形成。❺爵：动词，使……尊贵。❻恒自然：常顺应自然。恒，常。自然，顺应自然。❼长之育之：使万物成长发育。❽亭：成，结成果实。❾毒：果实成熟。❿覆：覆盖，保护。⓫宰：主宰。⓬玄德：最高深的德。

【译文】

"道"生长万物，"德"养育万物，物赋予万物各种形状，环境成就万物。因此万物没有不尊崇"道"而珍视"德"的。"道"之所以受尊崇，"德"之所以被重视，就在于它们对万物不加干涉，不发号施令，从来都让万物顺其自然。所以，"道"生成万物，"德"畜养万物，使万物成长、发展，使万物成熟结果，对万物爱养、保护。生养万物而不据为己有，抚育万物而不自恃有功，引导万物而不自以为主宰，这就是最深奥的"德"。

52

【原文】

天下有始❶，以为天下母❷。既得❸其母，以知其子❹；既知其子，复守其母❺，没身不殆❻。塞其兑❼，闭其门❽，终身不勤❾。开其兑❿，济其事⓫，终身不救。见小曰明⓬，守⓭柔曰强。用其光，复归其明⓮，无遗身殃⓯，是为袭常⓰。

【章旨】

本章主要阐述了道作为宇宙万物的根源与万物之间的关系。道是万物的根源，只有认识了道，才知道万物、认识万物，认识万物不能离开总的根源，不要向外奔逐，否则就会离失自我。同时，认识具体事物又必须返本探源，不能离开对道的体认。

在人们的认识活动中，要杜绝外界私欲的诱惑，闭目塞听，无欲无求，则终生不会有忧愁。

要"见小""守柔"，即观察细微，保持柔弱，不张扬炫耀，才不会给自己带来灾祸，从而永保太平。

【注释】

❶始：本始、起始，指"道"。❷母：本源、根源，亦指"道"。"道"生天下万物，故为天下万物之母。❸得：得到，获得。❹子：指天下万物。❺既知其子，复守其母：已经了解了万物，还必须坚守着万物的根本。❻没身不殆：到死都没有危险。没身，指死亡。殆，危险。❼塞其兑：塞住他们的耳目孔窍。塞，堵塞。❽闭其门：关闭他们欲望的门户。❾勤：愁苦。❿兑：口，嗜欲的感官。⓫济：助成，帮助。⓬见小曰明：能察见微小的事情，才叫作"明"。⓭守：坚守，保持。⓮用其光，复归其明："光"是向外照耀，"明"是向内透亮。运用智慧的光，返照内在的"明"。⓯无遗身殃：不给自己带来灾祸。遗，招致。殃，灾祸。⓰袭常：承袭永恒的"道"，也就是因循永恒的自然规律。袭，承袭，因循。常，常理，永恒不变的原理。

【译文】

天下万物都有其本始，把这本始作为天下万物的根源。已经掌握了万物的根源（母），就能认识万物（子）；已经掌握了万物，还必须坚守住万物的根本，这样，就终生不会有危险了。塞住人们嗜欲的感官，关闭他们巧利的门户，终生都不会有劳扰的事情。打开嗜欲的孔窍,助成他们求知逞欲的事,就终身不可救药。能察见深微细微的事情,才叫作"明";能保持柔弱,才叫作"强"。运用智慧的光,返照内在的"明",不给自身留下祸殃,这就叫作袭永恒的"道"。

53

【原文】

　　使我介然有知❶，行于大道❷，唯❸施❹是畏❺。大道甚夷❻，而民好径❼。朝甚除❽，田甚芜❾，仓甚虚❿。服文采⓫，带利剑，厌⓬饮食，财货有余，是谓盗夸⓭。非道也哉！

【章旨】

　　本章主要反映了当时的社会政治状况，揭露了一些矛盾现象，反映当时统治阶级加强剥削，被统治阶级被剥削、压迫的现实，对统治阶级做出了严厉的批评、强烈的控诉，可谓给无道的执政者们画了一幅像。

　　但由于阶级局限性，文章只写出了现象，但却无法揭示现象的本质，因此面对此种情况只能透出无奈。

【注释】

❶使我介然有知：假使我稍微有些知识。我，指有道的执政者。介然，稍微具有。知，知识，智慧。❷行于大道：走

在大路上。❸唯：唯一，只是。❹施：通"邪"，指邪路。❺畏：害怕。❻夷：平坦。❼而民好径：而人们却喜欢走小路。径，斜径，小路。❽朝甚除：朝廷很败坏。朝，朝廷。除，整洁，华美，引申为腐败。❾田甚芜：农田非常荒芜。❿仓甚虚：仓库非常空虚。⓫服文采：服，动词，穿（衣服）。文采，指华丽的衣裳。⓬厌：通"餍"，饱足。⓭盗夸：大盗，强盗的首领。夸，大。

【译文】

假使我稍稍有点知识的话，那么在大道上行走，唯一害怕的就是走入了邪路。大道很平坦，但是人们却喜欢走小路。朝廷非常腐败，农田荒芜之极，仓库空虚到顶点。可统治者穿着华丽的衣裳，佩带锋利的宝剑，餍足了精美的饮食，占有充裕的财物，这就叫作强盗行径。这真是无道啊！

54

【原文】

善建者不拔❶，善抱者不脱❷，子孙以祭祀不辍❸。修之于身，其德乃真；修之于家，其德乃余；修之于乡，其德乃长❹；修之于邦，其德乃丰❺；修之于天下，其德乃溥❻。故以身观❼身，以家观家，以乡观乡，以邦观邦，以天下观天下❽。吾何以知天下然❾哉？以此❿。

【章旨】

本章主要讲了"德"的功能、作用，强调用德修身，治家、治乡、治国、治天下，作用无穷。

道是德的内容和本体，德是道的形式和功用，所以，从根本上来说，老子还是强调要重道，以道修德。

【注释】

❶善建者不拔：善于建树的人不可拔除。建，建树，建立。不拔，不可拔掉，不可拔除。❷善抱者不脱：善于抱持的

人不会脱落。抱,抱持,有牢固的意思。脱,脱落,失去。❸子孙以祭祀不辍:(如果一个人既能建树事业,又能保持事业)子孙便会因此而祭祀不绝了。这里指他的事业长盛不衰。以,因……缘故。辍,停止,断绝。❹长:一说加长的意思,与上文"有余"相应;一说长为尊崇的意思。今从前解。❺丰:广大。❻溥:普遍,博大。❼观:对照,观察。❽以天下观天下:从目前天下的状况观照将来天下的状况。❾然:这样。❿以此:以,用,凭。此,这些道理,指"以身观身"等。

【译文】

善于建树的人不可拔除,善于抱持的人不会脱落,子孙便会因此而祭祀不绝。用德修身,他的"德"就可以是纯正;用德治家,他的"德"就会充裕;用德治乡,他的"德"就会长久;用德治国,他的"德"就丰硕;用德治天下,他的"德"便会普遍。因此,从自己本身的情形去观察别人的情形、情况,从自己一家的情形去观察别人家的情形,从自己一乡的情况去观察其他乡,从自己一国的情形去观察别的国家的情形,从目前天下的状况,对照将来天下的状况。我凭什么知道天下的事情呢?就是运用的这个道理和方法。

55

【原文】

含①德之厚,比于赤子②。蜂虿虺蛇③弗螫④,攫鸟⑤猛兽弗搏⑥。骨弱筋柔而握固⑦。未知牝牡⑧之会⑨而朘⑩作⑪,精之至也。终日号而不嗄⑫,和⑬之至也。知⑭和曰常⑮,知常曰明⑯,益生⑰曰祥⑱,心使气曰强⑲。物壮⑳则老,谓之不道,不道早已㉑。

【章旨】

本章主要阐述出生的婴儿接近于"道",这是老子无为思想的体现。

老子认为,人类只有像婴儿一样柔弱、无知、无欲、无求、无为,才不会遭到来自各方面的灾祸,这才是符合"道"的。反之,人们纵欲、使强,则不合于"道",很快就要灭亡。

【注释】

①含:饱含。②赤子:指初生的婴儿。③蜂虿(chài)虺

(huǐ)蛇：指蜂蝎毒蛇。❹螫(shì)：用毒针刺人。❺攫(jué)鸟：用脚爪掠食，如鹰隼一类的鸟。❻搏：鹰隼用爪和翅击物。❼握固：把握得很牢固。❽牝牡：指雌和雄。❾会：交合。❿朘(zuī)：小男孩的生殖器。⓫作：勃起。⓬嗄(shà)：哑。⓭和：指阴阳调和。⓮精：精气。⓯常：人类天性的自然规律。⓰明：明智。⓱益生：纵欲贪生。⓲祥：古时用作吉祥，有时也用作妖祥、不祥。这里即为后者，指灾祸、妖孽。⓳心使气曰强：欲念放纵任气就叫作"强"。心使气，欲念放纵任气。强，逞强，暴。⓴壮：强盛，指过度强盛。㉑已：完结，死亡。

【译文】

含"德"浓厚的人，就好像初生的婴儿。蜂蝎毒蛇不去刺伤他，凶鸟猛兽不去搏击他。他筋骨柔弱，拳头却握得紧紧的。他还不知男女交合，但小生殖器却常常勃起，这是由于他精气充足的缘故。他整天号哭，但嗓子却不会沙哑，这是和气充盈的缘故。精气旺盛与元气浑厚，就叫"常"，认识到"常"叫作"明"，纵欲贪生叫作灾殃，欲念放纵任气叫作逞强。事物过分强盛就会趋于衰老，这叫作不合于"道"，不合于"道"很快就会灭亡。

56

【原文】

知者弗言❶,言者弗知❷。塞其兑❸,闭其门;挫其锐❹,解其纷❺;和其光,同其尘❻,是谓玄同❼。故不可得而亲❽,不可得而疏;不可得而利,不可得而害;不可得而贵,不可得而贱。故为天下贵❾。

【章旨】

本章主要阐述有"道"的人在人们心目中的印象。

【注释】

❶知者弗言:聪明的人不夸夸其谈。言,说。❷言者弗知:夸夸其谈的人不聪明。知,通"智",聪明。❸塞其兑:堵住耳目孔窍。塞,堵塞。兑,耳目。❹锐:锐利。❺纷:纠纷。❻尘:尘俗。❼玄同:玄妙齐同的境界,指"道"的高深境界。❽亲:亲近。❾贵:动词,尊重。

【译文】

聪明的人不夸夸其谈，夸夸其谈的人不聪明。堵住耳目孔窍，关闭传递知识的门户，削减自己的锋芒，调解自己的纠纷，和谐自己的光辉，把自己混入尘世之中，这就到了"道"的高深境界。所以对这种人，百姓不可能亲近他，也不可能疏远他；不可能使他获利，也不可能伤害他；不能使他尊贵，也不能使他卑贱。所以，他们被天下人所尊重。

57

【原文】

以正❶治国，以奇❷用兵，以无事❸取天下❹。吾何以知其然哉？以此：天下多忌讳❺，而民弥❻贫；民多利器❼，邦家滋❽昏❾；人多技巧，奇物滋起；法令滋章❿，盗贼多有。故圣人云："我无为而民自化⓫，我好静而民自正，我无事⓬而民自富，我无欲而民自朴。"

【章旨】

本章主要阐述老子"清静无为"的思想。老子认为，社会动乱、邪恶之事层出不穷是因为有制度、有法令、百姓聪明有智慧，这都是"有为"产生的结果，从而从反面论证无为之治的可贵。

文章最后借圣人之言，指出无为之治的效果："我无为而民自化，我好静而民自正，我无事而民自富，我无欲而民自朴。"

此章中提倡对人民要求少、善待百姓是有其积极性的。但将"有为"作为人间动乱不堪的根源，带有明显的愚民思想，希望人民没有智慧、思想，无条件服从君主是消极、倒退的。

【注释】

❶正：正常平易的方法，也就是"清静"之道。❷奇：诡秘的计谋。❸无事：即无为。❹取天下：治理天下。❺忌讳：禁忌，指戒律禁令。❻弥：越，更加。❼利器：指锐利的武器。❽滋：越，更加。❾昏：混乱。❿章：同"彰"，明白，清楚。⓫自化：自我化育，自然顺化。⓬无事：无所事事，此主要指不去搅扰、干涉百姓。

【译文】

以清静无为之道治国，以出奇制胜的计谋用兵，用无所作为的政治统治天下。我怎么知道是这样的呢？根据下面这些：天下的禁忌越多，人民就越贫穷；民间武器越多，国家就越混乱；人民的技巧智慧越多，邪恶的事情就层出不穷；法令越严明，盗贼反而越多。所以有"道"的圣人说："我无所作为，人民就自我化育；我喜欢清静，人民就自然端正；我不搅扰人民，人民就自然富裕；我无所欲求，人民就自然朴实。"

58

【原文】

其政闷闷❶，其民淳淳❷；其政察察❸，其民缺缺❹。祸兮福之所倚❺，福兮，祸之所伏❻。孰知其极❼？其无正❽。正复为奇❾，善复为妖❿。人之迷⓫也，其日固久⓬！是以圣人方而不割⓭，廉而不刿⓮，直而不肆⓯，光而不耀⓰。

【章旨】

本章体现了老子朴素的辩证法思想，"祸兮，福之所倚；福兮，祸之所伏""正复为奇，善复为妖"。

老子指出祸福、正奇、善恶是可以互相转化的，可贵的是老子还指出政治使人民变化的原因：政治宽厚，人民淳朴；政治苛刻，人民狡诈。这是对统治者的警告，最终告诉统治者圣人的处世哲学："方而不割，廉而不刿，直而不肆，光而不耀。"

【注释】

❶其政闷闷：政治宽容。政，政治。闷闷，这里是宽容的意思。❷其民淳淳：人民敦厚质朴。淳，同"惇"，敦厚。❸其政察察：政治苛酷。察察，严密，苛酷。❹其民缺缺：人民狡猾欺诈。缺缺，狡诈的意思。❺祸兮福之所倚：灾祸呵，幸福正依傍在它里面。倚，依傍。❻福兮祸之所伏：幸福呵，灾祸正潜藏在它里面。伏，潜藏。❼极：终极。❽无正：即无定，没有定准。❾奇：奇怪，反常。❿祅：通"妖"，邪恶的意思。⓫人之迷：人们的迷惑。⓬其日固久：时间实在是很久了。⓭方而不割：方正但不会伤害人。割，用刀刃伤害人。⓮廉而不刿（guì）：锋利却不刺伤人。廉，棱边，形容锐利。刿：用刀尖刺伤。⓯直而不肆：直率却不放肆。直，直率。肆，放肆。⓰光而不耀：明亮而不耀眼。耀，过分明亮。

【译文】

国家的政治宽容，人民就淳厚质朴；国家的政治严苛，人民就狡黠诡诈。灾祸呵，幸福正藏在它里面；幸福呵，灾祸也正隐藏在它之中。谁知道它们的终极结果呢？它们并没有一个定准。正可能随时转变为邪，善可能随时转变为恶。人们迷惑的日子已经很久了。所以有"道"的圣人方正但不伤人，有棱角而不至于伤害别人的尊严，直率却不至于放肆，明亮但不显得刺眼。

【原文】

治人事天❶，莫若啬❷。夫唯啬，是谓早服❸。早服谓之重积德❹；重积德则无不克，无不克则莫知其极❺，莫知其极，可以有国❻。有国之母❼，可以长久。是谓深根固柢❽，长生久视❾之道也。

【章旨】

本章提出治理国家、事奉天道的又一条原则，即"啬"。所谓啬，就是要让人们爱惜自身，保养精神，内心淳朴，积蓄力量。这个过程就是在不停地积"德"；"重积德，则无不克"，德积到一定程度就攻无不克，最终可取得天下。

这里隐含着兵法中的集中优势兵力、一鼓作气的意思，从而也揭示出老子"无为"最终的结果是"无所不为"。

【注释】

❶治人事天：治理人民事奉天道。治，治理，管理。事，侍奉，养护，保养。❷啬：爱惜。❸早服：尽早服从自然事理。

❹重积德：不断地积蓄"德"。重，多，厚，含有不断的意思。❺莫知其极：没有人知道他（力量）的最高点。极，最高点，顶点。❻有国：保有国家，即可以担负保护国家的责任。❼有国之母：即有国以母，用大"道"去保护国家。母，指保有国家的根本大"道"。❽深根固柢：树根向四边伸的叫作根，向下扎的叫作柢。❾长生久视：长久存在。久视，久活，久立。

【译文】

治理人民，事奉天道，没有比爱惜精力的原则更好的。爱惜精力，就是尽早服从自然事理。尽早服从自然事理，这就叫作不断积蓄"德"；不断地积蓄"德"，能攻无不克；攻无不克，就没有人能估计他的力量到底有多大；无法估计他的力量，就可以保有国家。保有国家的根本，就可以长治久安。这就是根深蒂固、长久存在的道理。

60

【原文】

治大国，若烹小鲜❶。以道莅❷天下，其鬼不神❸；非其鬼不神，其神不伤人；非其神不伤人，圣人亦不伤人❹。夫两不相伤❺，故德交归焉❻。

【章旨】

本章是老子"无为"思想的又一阐述。古人喜欢以烹调比喻治国，"治大国，若烹小鲜"，治理国家，要像煎小鱼一样不要随便去动它。实际上是告诉统治者，治理国家、管理人民不要随意去搅扰，不要繁令苛政，扰民害民，而要顺应自然，以清静无为之道治国，戒骄戒躁，谨慎从事，也即"以道莅天下"。只有这样才会避免各方面的危险、灾祸，使得国家稳定、百姓安乐。

【注释】

❶烹小鲜：煎小鱼。烹，煎煮食物。小鲜，小鱼。❷莅：临，有治理、统治之意。❸其鬼不神：鬼怪就不会显灵。神，

灵，灵验。❹ 圣人亦不伤人：圣人也不伤害人。这里指有"道"的统治者（圣人）采取清静无为的政治，对人民不施政令、不加干涉，更不用酷刑，使人民自然安宁、不受伤害。❺ 两不相伤：指鬼神和圣人都不侵犯、伤害人。❻ 故德交归焉：功德恩泽都归向百姓。

【译文】

治理大国，好像煎烹小鱼一样，不能多次翻动。用"道"来治理天下，那么鬼怪也就不作祟兴灾了；不是鬼怪不灵验，而是灵验也不会伤害人；不但鬼怪不伤人，而且圣人也根本不伤人。鬼神和圣人都不伤害人，因此，功德恩泽都归向百姓。

61

【原文】

大国者下流❶。天下之牝❷,天下之交❸。牝常以静胜牡❹,以静为下,故大国以下❺小国,则取❻小国;小国以下大国,则取大国。故或下以取❼,或下而取❽。大国不过欲兼畜人❾,小国不过欲入事人❿,夫两者各得其所欲,大者宜为下。

【章旨】

本章主要讲大国居下流的道理,强调在处理与小国的关系上,大国更应该守雌取下,保持谦下的态度。

在老子看来,国与国之间不论大小,不论强弱,都应互相尊重、互相谦让,应和平解决纷争,而不应诉诸武力;而大国在外交中是强大的起决定作用的一方,大国不应以大欺小、以强凌弱,更应保持谦下的态度。这样才可避免战争,各得其所。

【注释】

❶下流：居于下流，处于水的下流。❷牝：指雌性。❸交：交汇，汇合。❹牝常以静胜牡：雌性常常凭借静而胜过雄性。常，通常，常常。牡，雄性。❺下：谦下。❻取：取得。❼或下以取：有时大国以谦卑的态度取得小国的信任。或，有时。❽或下而取：有时小国以谦卑的态度才能取得大国的信任。❾兼畜人：把人聚在一起加以养护。有人认为，这里指的是大国兼并、占有小国。兼，聚拢起来。畜，饲养，含占有的意思。❿入事人：侍奉别人，指小国侍奉大国。

【译文】

大国要像居于江河的下流一样，处于雌柔的位置，这是天下交汇的地方。雌柔常常以静战胜雄强，就是因为它安静而处于下方的缘故。所以大国用谦恭的态度对待小国，就可以取得小国的信任；小国用谦下的态度对待大国，也才能取得大国的信任。所以，有时大国以谦恭的态度取得小国的信任，有时小国以谦下的态度取得大国的信任。大国不过是要聚养小国，小国不过是要侍奉大国，如果双方都各自实现了愿望，大国更应该具有谦下的态度。

【原文】

道者，万物之奥❶。善人之宝❷，不善人之所保❸。美言可以市❹，尊行可以加人❺。人之不善，何弃之有❻？故立天子，置三公❼，虽有拱璧❽以先驷马❾，不如坐进此道❿。古之所以贵此道者何？不曰以求得⓫，有罪以免邪？故为天下贵。

【章旨】

本章老子重在说明"道"的可贵，"道"庇护万物，是万物的归宿，是善人的法宝，也是不善人竭力保有的。"美言可以市，尊行可以加人"，所以，人们都不应抛弃"道"。

"道"是万物的主宰，君临天下，设置大臣，都应以此为准绳。所以天下人都应该看重清静无为的大"道"。

【注释】

❶奥：藏也，主宰、庇护的意思。❷宝：珍宝。❸不善人之所保：不善的人所赖以自保的东西。❹美言可以市：美丽的

言语可以用来交易。市，取得，买到。❺尊行可以加人：尊贵的行为可以让更多人归顺于我。尊，尊敬。加，增加。人，加人，使人多。招徕人。❻何弃之有：为什么要抛弃道呢？弃，抛弃。❼置三公：设置三公。置，设置。三公，周朝时所设置的三个辅弼国君的大官，即太师、太傅、太保。到汉朝以后，"三公"只有高位，没有实权。❽拱璧：是古代一种玉，圆镜形，中间有圆孔，为贵重的礼品。❾驷马：四匹马驾的车，古代只有天子、大臣才能乘坐。❿不如坐进此道：不如用"道"来进献。进，古时地位低的人送给地位高的人东西，叫"进"。⓫不曰求以得：岂不是说有求就可以获得。不曰，岂不是说。求以得，有求就可以获得。

[译文]

"道"是万物的主宰。它是善人的法宝，也是不善的人所要保持的东西。美丽的言语可以用来交易，尊贵的行为可以招徕更多的人。人，即使是不善，怎么能把"道"舍弃呢？所以，天子即位，设置三公，虽然有拱璧在先、驷马随后这样隆重的礼仪，还不如用"道"来作为献礼。古代重视此"道"的原因是什么呢？岂不是说，有求就可以得到，有罪也可以免除吗？所以"道"被天下人所珍视。

63

[原文]

　　为无为❶，事无事❷，味无味❸。大小多少❹，报怨以德❺。图❻难于其易，为大于其细❼。天下难事必作❽于易，天下大事必作于细。是以圣人终不为大❾，故能成❿其大。夫轻诺⓫必寡信⓬，多易必多难。是以圣人犹⓭难之，故终无难矣。

[章旨]

　　本章老子主要阐述了做事原则。任何事物的产生和发展都是由小及大、由少到多、由易及难的。因此，做大事应由做小事开始，做难事要从容易的地方做起，这不但对当时人，而且对我们现代人仍有极强的教育意义。

　　本章还包含有老子朴素的辩证法思想，大和小，难和易都是辩证统一的，没有小就没有大，没有易就没有难，反之亦然。

【注释】

❶为无为：以"无为"的态度去作为。这是说要顺乎自然，虽为之却像无所为，毫不做作。❷事无事：以"无事"的方式去做事。这也是说要顺应自然。前一个"事"，动词，做事、从事的意思。无事，不创新事，含有不搅扰、不干涉的意思。❸味无味：把恬淡无味当作味。意思也是顺应自然，恬淡处世。前一个"味"，动词，玩味。无味，寡淡无味。"为无为，事无事，味无味"，是老子的人生观和处事治世的哲学。❹大小多少：大生于小，多起于少。❺报怨以德：即以德报怨，用恩德去报答别人的仇怨。❻图：处理，解决。❼细：细小、细微的地方。❽作：兴起。❾终不为大：始终不自以为大。❿成：动词，成就的意思。⓫轻诺：轻易许诺。⓬寡信：很少守信用。信，守信用。⓭犹：均，都。

【译文】

以"无为"的态度去作为，以"无事"的方式去做事，品味无味之味。大生于小，多起于少，用恩德去报答怨恨。解决困难的事要从容易的地方着手，做大事情要从细小的地方入手；天下的难事一定从容易的地方开始；天下的大事必定由细小的地方开始。所以有"道"的圣人始终不自以为大，才能成就大事。轻易应诺别人的要求，一定很少遵守信约；把事情看得太容易，就必定遭受很多困难。因此，有"道"的圣人遇事都看得很艰难，所以最终就没有困难。

64

【原文】

其安易持❶，其未兆易谋❷。其脆易泮❸，其微易散❹。为之于未有❺，治之于未乱。合抱之木，生于毫末❻；九层之台，起于累土❼；千里之行，始于足下。为者败之，执者失之。是以圣人无为，故无败；无执，故无失。民之从事，常于几❽成而败之，慎终如始，则无败事。是以圣人欲不欲❾，不贵难得之货；学不学❿，复⓫众人之所过，以辅万物之自然而不敢为。

【章旨】

本章是继上一章再讲做事的原则，"合抱之木，生于毫末；九成之台，起于累土；千里之行，始于足下"，这是含有辩证法思想的，是符合事物发展规律的，对人们具有积极的教育作用。

文章中"为者败之，执者失之"，又是老子反复宣扬的"无为"思想。

【注释】

❶其安易持：事物稳定时就容易维持。安，稳定，安定。持，维持，掌握。❷其未兆易谋：事物还没有出现变化的迹象时，容易谋划。未兆，没有迹象时、没有征兆时。谋，图谋，谋划。❸其脆易泮（pàn）：事物脆弱时容易消解。泮，通"判"，散，分解。❹其微易散：事物还微小时，容易分散。散，消除。❺为之于未有：在事情还没有发生时就把它做好。为，做，处理。未有，没有发生、没有出现。❻毫末：指细小的萌芽。❼累土：积累的泥土。❽几：几乎，差不多。❾欲不欲：向往别人所不向往的。前一个"欲"，动词，向往、欲想。不欲，（别人所）不向往的。❿学不学：圣人的学习就是不学什么。前一个"学"是动词，学习。⓫复：改正错误。

【译文】

事物稳定时就容易维持，事物还没有出现变化的迹象时，容易谋划。事物脆弱时容易消解，事物还微小时容易分散。要在事情尚未发生变化时就把它做好，要在混乱尚未产生时就加以治理。合抱的大树，是从细小的萌芽生长起来的；九层的高台，是由积累的泥土堆积而成的；千里的远行，是从脚下第一步开始的。有所作为，就必然会遭到失败；有所把持，就必会遭受损失。因此有"道"的圣人无所作为，所以就没有失败；无所把持，所以就没有损失。人们做事情，常常在快要成功的时候失败了。如果对待事情的结束也能像对待事情开始时那样谨慎，就不会有失败的事情了。因此有"道"的圣人所向往的事，是别人所不向往的。因此圣人以没有欲为欲，他不看重那些稀罕的财物；以不学为学，改正众人的错误而复归于根本。辅助万物自然发展，而不敢勉强去做。

65

【原文】

古之善为道者❶,非以❷明民❸,将以愚之❹。民之难治,以其智多❺。故以智治国,国之贼❻;不以智治国,国之福。知此两者,亦稽式❼。常知稽式,是谓玄德,玄德深矣,远矣,与物反矣❽,然后乃至大顺❾。

【章旨】

本章主要是老子劝诫统治者如何治理国家、统治人民。他认为,好的政治是由统治者的方针、政策决定的。统治者崇尚智慧,百姓则多巧智;统治者真诚,人民则敦厚纯朴。强调返璞归真,复归于自然之道,人民才相安无事,社会才稳定。

【注释】

❶古之善为道者:古来善于行"道"的人。为,执行。道,指遵循自然的无为政治。❷以:用。❸明民:使人民明智、聪明。明,用作动词。❹愚之:使之愚,使百姓质朴淳厚。

❺智多：有智慧。❻贼：祸害。❼稽式：法则，法式。❽与物反矣：指与万物同归于"道"。❾大顺：自然。

【译文】

古来善于以"道"执政的人，不是使人民狡猾明智，而是用"道"使百姓质朴淳厚。人民之所以难统治，就是因为他们有太多的智慧。所以，用智慧去治理国家，是国家的祸害；不用智慧去治理国家，是国家的幸福。于是知道这两者是一直以来治国的法则。能常常知道什么是法则，就可以称作深远的德。这深远的"德"是那样深、那样远，与万物同归于"道"，然后达到自然顺畅的地步。

66

【原文】

江海之所以能为百谷❶王❷者,以其善下之❸,故能为百谷王。是以欲上❹民,必以言下❺之;欲先民❻,必以身后❼之。是以圣人处上而民不重❽,处前而民不害❾。是以天下乐推而不厌。以其不争,故天下莫能与之争。

【章旨】

本章是继上章再向君王阐述治理国家的道理和方法。老子以"江海……百谷王"为开头,劝诫统治者要想统一天下,必"以其善下之","欲先民,必以身后之"。

老子认为,要想统治百姓,必须居于百姓的后面,这是值得推崇的,但在当时的社会、阶级状况下,要想让君主居于人后,也只是天方夜谭。

【注释】

❶百谷:指百川,即众多的河流。❷王:指河流所归往的地

方。❸以其善下之：因为它善于处在下面。以，因为。下，处在低下的位置。❹上：这里作动词用，指地位处在……上面，即统治之意。❺下：把……摆在下边。❻欲先民：想站在百姓的前头，即成为他们的领袖。❼后：动词，把……放在后面。❽重：压迫，负担。❾害：妨害，为害。

【译文】

江河大海之所以能成为百川汇聚的地方，是因为它善于处在低下的地方，所以才能成为百川归往的地方。因此，圣人想要统治百姓，必须用言词对百姓表示谦下；想要领导百姓，必须把自己（的利益）放在百姓（的利益）之后。所以，圣人处于百姓之上而百姓不感到沉重，处于前面而百姓不感到有妨碍。因此天下百姓乐于拥戴他而不厌弃。正因为他不与人争，所以天下才没有谁能和他争。

67

【原文】

天下皆谓我道大❶，似不肖❷。夫唯大，故似不肖。若肖，久矣其细也夫！我有三宝，持❸而保之。一曰慈❹，二曰俭❺，三曰不敢为天下先❻。慈，故能勇❼；俭，故能广❽；不敢为天下先，故能成器长❾。今舍慈，且勇❿；舍俭，且广；舍后，且先；死矣！夫慈，以战则胜，以守则固。⓫天将救之，以慈卫之⓬。

【章旨】

本章提出了"三宝"。老子讲到，"我有三宝，持而保之。一曰慈，二曰俭，三曰不敢为天下先"。慈爱、俭啬、不敢为天下先，这"三宝"是老子思想的重要观念，也是老子一再强调的圣人所应该具有的品格修养。

不论在当时还是在现今，慈爱、俭啬都是值得提倡的，也一直被喻为中华民族的传统美德。"不敢为天下先"却显得懦弱，是老子"无为"思想的具体表现之一，是不符合现今社会进步、改革的潮流的，是阻挡社会进步的。

【注释】

❶天下皆谓我道大:天下人都说我的"道"很大。❷肖(xiào):像,与……相似。❸持:保有,持有。❹慈:慈爱,宽容。❺俭:节俭。❻为天下先:走在天下人的前面。❼慈,故能勇:(因为)慈爱、宽容,所以才能勇敢。❽俭,故能广:俭啬,所以能够宽广。广,宽广,在此指富裕。❾器长:万物之长。器,指物。长,首长。❿舍慈,且勇:舍弃慈爱而求取勇敢。且,取、求的意思。⓫夫慈,以战则胜,以守则固:慈爱,用于进攻就胜利,用于守卫就稳固。以,用,指使用慈爱。⓬天将救之,以慈卫之:上天要帮助谁,就用慈爱来保卫谁。救,援助。卫,保卫,护卫。

【译文】

天下的人都说"道"是博大的,好像它并不像一般东西。正由于它不像任何东西,所以广大。如果它像什么具体东西的话,它早就渺小得很了!我拥有三件法宝,守持且保存着它们。第一件叫慈爱,第二件叫俭啬,第三件叫不敢处在天下人的前边。因为慈爱,所以能勇敢;因为俭啬,所以能富裕;因为不敢处在天下人的前边,所以能成为万物的首长。现在,舍弃慈爱而要勇敢,舍弃俭啬而要富裕,舍弃退让而要争先,那就只有死路一条!慈爱,用于进攻就能获胜,用于守卫就能稳固。上天要帮助谁,就用慈爱去保卫谁。

68

【原文】

善为士❶者不武❷，善战者不怒，善胜敌者不与❸，善用人者为之下❹。是谓不争之德，是谓用人❺之力，是谓配天❻，古之极❼。

【章旨】

本章主要讲述老子的战略战术，阐述"不争之德"，要求将帅在对敌作战中"不武、不怒、不与、为之下"，这在对敌战争中是有巨大作用的。在战争中不要逞其勇武，不要被敌人激怒，不要同敌人正面交锋，这在军事上有很大价值。

本质上，"不争之德"还是老子"无为"精神的体现，所以说"是谓配天"。即在老子看来，只有在战争中坚持不争的原则，珍惜人力，才符合自然之道，才是古代最高的法则。

【注释】

❶士：武士，实指将帅。❷不武：不逞勇武。❸不与：不与敌人正面交锋、厮杀。与，交接，这里指交战。❹为之下：对人态度谦下。❺是谓用人：这就叫作用人。❻配天：符合自然之道。❼古之极：古来最高的准则。极，准则，标准。

【译文】

善于做将帅的人，是不逞勇武的；善于作战的人，是不逞怒气的；善于战胜敌人的人，不与敌人正面争斗；善于用人的人，对人态度是很谦下的。这就叫作不与人争的"德"，这就称为善于用人的力量，这就叫作符合自然的规律，是自古以来最高的准则。

69

【原文】

　　用兵有言："吾不敢为主❶而为客❷，不敢进寸而退尺。"是谓行无行❸，攘无臂❹，扔无敌❺，执无兵❻。祸莫大于轻敌，轻敌几丧吾宝❼。故抗兵相加❽，哀❾兵胜矣。

【章旨】

　　本章阐述战争中以退为进的战略战术思想。"不敢为主而为客，不敢进寸而退尺"是讲作战时不要主动挑起战争，面对强大的敌人，宁可后退，也不主动出击。

　　"行无行，攘无臂，扔无敌，执无兵"是讲在战争中不应让敌人察觉自己的行动，要让敌人捉摸不定，才能取得战争的主动权。

　　"祸莫大于轻敌"，讲战争中最大的灾祸就是轻敌。

　　这些都体现了老子守静不争的思想。

【注释】

❶为主：采取攻势。主，战争时的主动进攻、攻势。❷为客：采取守势。客，指战争时的被迫自卫。❸行无行：摆阵势，就像没有阵势那样。第一个"行"，动词，排行、摆阵势的意思。第二个"行"，名词，行列、阵势。❹攘（rǎng）无臂：要挥举手臂，却像没有手臂可举一样。攘，举起手臂。❺扔无敌：虽然面对着敌人，却像没有敌人可以攻击一样。扔，对抗。❻执无兵：虽然有兵器，却像没有兵器可拿一样。执，拿、持。兵，指兵器。❼宝：指"慈""俭""不敢为天下先"三宝。❽抗兵相加：两军相对，力量相当。抗，相对抗；兵，指军队。相加，相当。❾哀者：悲悯的一方，在这里指受侵略的一方。

【译文】

用兵打仗时有这样的说法："我不敢主动挑起战争，而被动防御；不敢前进一寸，而宁可后退一尺。"这就是说，摆阵势，像没有阵势可摆一样；挥胳臂，像没有胳膊可举一样；迎敌人，像没有敌人可攻击一样；手执兵器，像没有拿武器一样。最大的祸患莫过于轻敌了，轻敌就几乎丧失了我的三件法宝。所以，两军相对，兵力相当时，怀有悲悯之心的一方可以获胜。

70

【原文】

吾言甚易知，甚易行；天下莫能知，莫能行。言有宗❶，事有君❷。夫唯无知❸，是以不我知❹。知我者希❺，则我者贵❻。是以圣人被褐怀玉❼。

【章旨】

本章是老子的自许和慨叹，感叹行道之难，世人不能知道、行道。老子主张"无为"，是要"无不为"；主张"无争"，是要"莫能与之争"。所以，老子也希望自己的各种思想原则能通行于世。老子既称许自己的主张简明扼要、易知易行，又慨叹世人"无知"，不了解"道"，不了解自己。

在本章中，老子实际上是希望能够有君主赏识自己、重用自己，从而达到"无所不为"。

【注释】

❶言有宗：言论有宗旨。❷事有君：行事有要领。君，主，意即根本、要领。❸无知：不知道，不了解。❹不我知：宾语"我"前置，不了解我，不知道我。❺知我者希：知道我的人少。希，稀少。❻则我者贵：效法我的人难得。则，法则，这里作动词用，意即取法，以……为准则。贵，难得，可贵。❼被褐怀玉：穿着粗布衣服而胸怀美玉。被，通"披"，穿着的意思。褐，粗布衣服。怀，动词，揣着。

【译文】

我的话很容易理解，也很容易实行，但天下却没有谁能知晓，没有谁能实行它。说话有宗旨，行事有要领。正由于人们无知，因此他们不了解我。了解我的人稀少，效法我的人更是难得。因此，圣人就像外面穿着粗布衣服而怀内揣着美玉一样。

【原文】

知不知❶，尚❷；不知知❸，病❹。是以圣人不病，以其病病❺也。夫唯病病，是以不病。

【章旨】

本章老子阐述了圣人与常人在对待"知"与"不知"上的态度：圣人"知不知"，知道却当作不知道；常人"不知知"，不知道却当作知道。从而指出人应该有自知之明。

"知之为知之，不知为不知"，孔子后来把其用在教学上，其影响是巨大的。人们在求知的过程中，唯有如此，才会有所进步。

【注释】

❶知不知：知道却自以为不知道。❷尚：通"上"，高尚的意思。❸不知知：不知道却自以为知道。❹病：毛病，缺点。❺病病：把这种毛病当作病。前一个"病"是动词，"以……为病""把……当作病"的意思。后一个"病"是名词，指上面说的"不知知"的毛病。

【译文】

知道却像不知道一样,那是最好的了;不知道却自以为知道,这是毛病。有"道"的圣人之所以没有这种毛病,是因为他把"不知知"这种毛病当成一种毛病。正因为他将这种毛病当成毛病,因此才不犯这种毛病。

72

【原文】

民不畏威❶，则大威至❷。无狎❸其所居，无厌其所生❹。夫唯不厌，是以不厌❺。是以圣人自知不自见❻，自爱不自贵❼。故去彼取此❽。

【章旨】

本章首先论述国家动乱的前兆是"民不畏威"，老百姓对统治者的威力、威胁无所畏惧的时候，大的灾乱就要发生，统治者的末日也就很近了。

其次是劝诫统治者对百姓要亲善，不要让百姓居无定所，不要逼迫得百姓无法生存。只有不压迫百姓，百姓才不厌恶统治者。圣人有自知之明而不显露，自尊自重而不骄，统治者只有以圣人为榜样，自我约束，才能给百姓以更多的自由，才能治理好国家。

【注释】

❶民不畏威：百姓不害怕威压。畏，害怕。威，指威压、威力。❷则大威至矣：那大的威胁就要来了。威，这里指来自

人民的威胁。至：到，发生。❸狎：通"狭"，逼迫，迫使。❹无厌其所生：不要压制人民谋生的道路。厌，压迫。❺夫唯不厌，是以不厌：只有不压迫（人民），人民才不会厌恶（统治者）。前一个"厌"是压迫的意思，前一句针对统治者而言；后一个"厌"是厌恶的意思，后一句针对人民而言。❻自知不自见（xiàn）：自己知道而不自我表现。见，通"现"，表现、显露。❼自爱不自贵：自爱自重而不自显高贵。爱：自爱、尊重。贵：动词，以……为贵。❽去彼取此：舍去那个而选取这个。在这里指舍去"自见""自贵"，而选择"自知""自爱"。

[译文]

人民不害怕（统治者的）威压，那么更大的威胁就要发生了。（统治者）不要逼得人民不得安居，不要压迫人民的生活。只有不压迫（人民），人民才不会厌恶（统治者）。因此有"道"的圣人有自知之明而不自我表现，自爱自重而不自显高贵。所以舍弃后者（自见、自贵），而采取前者（自知、自爱）。

73

【原文】

　　勇于敢则杀❶，勇于不敢❷则活。此两者，或利或害❸。天之所恶，孰知其故？是以圣人犹难之。天之道❹，不争而善胜，不言而善应❺，不召而自来❻，绰然❼而善谋。天网恢恢❽，疏而不失❾。

【章旨】

　　本章讲天道自然规律以及柔弱不争原则。

　　全章分三层阐述：首先讲敢与不敢两种不同的处世态度，"勇于敢则杀""勇于不敢则活"，一为取死之道，一为自存之道，老子用生死不同的两种后果来说明，人类的行为应选取"慈柔"，而遗弃"逞强"。接着再讲自然的一般规律："天之道"就是自然之道。老子以为自然的规律是柔弱不争的，自然界的万事万物只要依照自然的规律变化和发展，都会有好的结果，不会有什么漏失，所以人类的行为也应取法于自然的规律而戒逞强好斗。在军事方面，他主张"不争而善胜"，要善谋而不硬拼，这是有合理因素的。最后讲述天道无边,规律不容忽视,即所谓"天网恢恢,疏而不失",自然之道是有定数的,又是包罗万象而无可逃避的。所以人们只能顺应,否则定会遭殃。

【注释】

❶勇于敢则杀:勇于敢做,则有杀身之祸。❷不敢:不敢做,这里指的是虚静守柔的态度。❸此两者,或利或害:这两个勇的方面,有的有利,有的有害。或,有的。❹天之道:指自然的规律。❺应:回答,响应。❻不召而自来:不召唤而万物自然归附。❼繟(chǎn)然:宽缓、安然的样子。❽天网恢恢:天网广大无边。天网,指自然的范围。恢恢,广大,宽大。❾疏而不失:虽然稀疏但绝不会漏失。疏,稀疏。失,漏失。

【译文】

勇于敢做,就会被消灭;勇于不敢做,则可以保全自己。这两种勇,有的有利,有的有害。上天厌恶一方,谁知道是什么缘故呢?即使是圣人也难以说清楚。自然的规律,是不争斗而善于获胜,不说话而善于回应,不须召唤而万物自然归附,舒展缓慢而善于谋划。天网广大无边,虽然稀疏,却什么也不会漏掉。

74

【原文】

民不畏死,奈何❶以死惧之❷?若使民常畏死,而为奇者❸,吾得执而杀之❹,孰敢?常有司杀者❺杀,夫代司杀者杀,是谓代大匠❻斫❼。夫代大匠斫者,希有不伤其手矣。

【章旨】

本章老子本着人道主义精神对高压政治、严刑峻法提出严厉抨击和强烈抗议。老子告诫统治者,高压政治、严刑杀戮不仅无济于事,反而会招来强烈的反抗。当百姓不怕死的时候,统治者也就该下台了。

【注释】

❶奈何:为何。❷惧之:使之惧,使他害怕。❸为奇者:做邪恶事情的人。奇,奇诡,邪恶。❹吾得执而杀之:我可以抓来杀了他们。吾,这里是虚拟的人称,假托为统治者的自称。执,抓住。❺司杀者:专门管理杀人的人。❻大匠:工匠的首领。❼斫:用斧头砍木头。

【译文】

人民不害怕死，（统治者）为什么用死刑来吓唬他们？如果使人民经常害怕死，那么对于捣乱作恶的人，我们可以抓来杀掉，还有谁敢做坏事？平常有司杀者（上天、自然）主宰杀的事情，那些硬要代替上天和自然去执行杀的任务的，就如同代替木匠去砍木头一样。那些代替木匠砍木头的人，很少有不砍伤自己的手的。

75

【原文】

民之饥，以其上食税之多❶，是以饥。民之难治，以其上之有为❷，是以难治。民之轻死❸，以其上求生之厚❹，是以轻死。夫唯无以生为者❺，是❻贤❼于贵生❽。

【章旨】

本章对统治者严苛的政治剥削与压迫提出批评和谴责，要求统治者善待民众。老子认为，统治者取税过多，百姓才饥饿；统治者实行"有为"政治，社会才动乱；统治者养生过于优厚，百姓才把死看得很轻。因此老子认为，统治者的贪欲和作为是造成社会矛盾尖锐的根本原因。统治者只有恬淡无欲、清静无为，才是消除社会贫困和动乱的良方。

【注释】

❶ 以其上食税之多：是因为统治者享用的赋税太多。上，指统治者。食，动词，依赖。❷ 有为：有所作为。❸ 轻死：看轻死亡，即不怕死。轻，作动词用，看轻、不重视的意思。❹ 以其上求生之厚：指统治者过分追求保养自己的身体和生命。求生，意即养生。厚，奢厚。❺ 无以生为者：不把保命养生看得过分重的人。❻ 是：指示代词，这。❼ 贤：胜过，超过，比……好。❽ 贵生：指过分看重生命、过分保养生命。贵，以……为贵，即看重的意思。

【译文】

人民之所以饥饿，是因为统治者享用的赋税太多，因此发生饥荒。人民之所以难于统治，是因为统治者胡作非为，因此难以统治。人民之所以不怕死，是因为统治者过分追求保养自己，所以老百姓冒死犯上。那些不把生命看得过分重的人，胜过过分重视生命的人。

76

【原文】

人之生也柔弱❶，其死也坚强❷。万物草木之生也柔脆❸，其死也枯槁❹。故坚强者死之徒❺，柔弱者生之徒。是以兵强则相生，木强则兵❻。强大处下，柔弱处上。

【章旨】

本章主要表达了老子以柔克刚的思想。老子主张柔弱，反对刚强。

本章由人和草木的生死为例子，得出柔弱的东西可以长久存在，坚硬、强壮的东西容易死亡，所以强大必然处在下面的位置，弱小处在上升的位置。这是符合老子所强调的事物相反相成、相生相克的辩证法思想的，任何事物的发展总是由小到大、由弱到强的，是循环、曲折的，这一点在现实世界中是得到印证的。

【注释】

❶人之生也柔弱：人活着的时候其身体筋骨肌肉是柔软的。生，生存，生活。柔弱，指人的身体、筋骨、肌肉的柔软。❷其死也坚强：人死了以后身体就僵硬了。坚强，指人身体肌肉的僵硬。❸柔脆：指草木形质的柔软脆弱。❹枯槁：草木凋败干枯的样子。槁，干枯。❺故坚强者死之徒：所以说坚强的属于死的一类。徒，类型。❻兵：兵器。此处指遭到砍伐。

【译文】

人活着的时候身体是柔软的，人死后身体则变得僵硬。草木生长的时候是柔脆的，死了则变得干枯坚硬了。所以坚强的东西属于死亡一类，柔弱的东西属于生存一类。因此军队逞强就不能获胜，树木强壮就会遭受砍伐。凡是强大的就处在下方，凡是柔弱的反而处在上方。

77

【原文】

天之道❶，其犹张弓❷欤？高者抑之❸，下者举之；有余者损之❹，不足者补之。天之道损有余而补不足❺；人之道则不然❻，损不足以奉有余。孰能有余以奉天下？唯有道者❼。是以圣人为而不恃❽，功成而不处❾，其不欲见❿贤。

【章旨】

本章老子以"天之道"来推"人之道"，他把"天道"和"人道"做了鲜明对照，指出"天之道"是"损有余而补不足"，而"人之道则不然"，是"损不足以奉有余"，从而借天道衬托人道的不公，表达了老子对社会不公的不满和对剥削制度的抗议。老子认为，天之道是最高的法则，是公平的法则，主张"人之道"应该效法"天之道"。

老子针对社会上的贫富悬殊等种种不合理现象发表自己的意见："高者抑之，下者举之；有余者损之，不足者补之。"他的这种美好愿望是体贴百姓、减轻百姓负担的,但在当时是不可能实现的。

【注释】

❶天之道:天道,这里指天道运行的法则。天,指自然。道,指规则、规律。❷张弓:开弓上弦。❸高者抑之:弦位高了,就把它压低一些。高,指弦位高。❹有余者损之:弦长有多余的,就加以减少。有余,指弦的长度有余。损,减少。❺天之道损有余而补不足:自然的法则,是减少多余的,用来补给不足的。❻人之道则不然:人类社会的现实法则就不是这样了。人之道,指人类社会的现实规则。则不然,却不像这样。❼有道者:有道的统治者。❽恃:倚仗,倚靠。❾处:占有,享有。❿见:同"现",表现。

【译文】

自然的法则,不是很像弓拉开了弦一样吗?弦位高了就把它压低一些;弦位低了,就把它抬高一点;弦长有多余的,就加以减少,不足的则加以补充。自然的规律,是减少有余的,用来补充不足的。人类社会的现实法则就不是这样了,而是减少不足的,用来供奉有余的。谁能够把有余的东西拿来供奉给天下人呢？只有有"道"的人（才能如此）。因此圣人有所作为而不自恃己能，有所成就而不自居有功，他是不愿意显示自己的贤能。

78

【原文】

天下莫柔弱于水❶，而攻坚强者莫之能胜❷，以其无以易之❸。弱之胜强，柔之胜刚，天下莫不知，莫能行❹。是以圣人云："受邦之垢❺，是谓社稷❻主；受国不祥，是为天下王。"正言若反❼。

【章旨】

本章内容分为两点：其一，用"水"来说明柔弱胜刚强的道理，老子再三盛赞水柔弱、居下的德行。

老子希望执政者能具备水一样的德行，不仅尚柔、居下，而且能承受屈辱与灾难，这样的国君才是有道之君，才可以成为社稷之王，表现了"无为"的思想。

其二，文章最后，老子对全书中那些相反相成的言论进行高度概括，借圣人之言引出"正言若反"的结论。

【注释】

❶天下莫柔弱于水：天下的事物没有比水更柔弱的东西。❷攻坚强者莫之能胜：水的性情虽然是天下最柔弱的，但攻击坚强的东西，没有什么能比得过水。攻，攻击，进攻。莫之能胜，没有能够超过它的。❸无以易之：没有可以用来代替它（指水）的。以，用。易，交换，代替。❹天下莫不知，莫能行：天下，指天下的人。莫不知，（天下的人）没有不了解（弱之胜强，柔之胜刚）这个道理的。莫能行，没有能够去实践（这个法则）的。❺受国之垢：承担国家的屈辱。受，承受，承担。垢，屈辱。❻社稷：国家，天下。❼正言若反：正话听起来像反话一样。

【译文】

天下的事物没有比水更柔弱的，但是攻击坚硬的东西，没有什么能胜过水的，这是因为没有任何东西能够代替水。弱能胜强、柔能胜刚，这个道理天下的人没有不懂的，但是没有人能够实行。所以圣人说："承当国家的屈辱，这才能叫作国家的君主；承担国家的灾难，这才配做天下的君王。"正话听起来却像反话一样。

79

【原文】

和❶大怨，必有余❷怨，安可以为善？是以圣人执左契❸，而不责于人❹。有德司契❺，无德司彻❻。天道无亲❼，常与❽善人。

【章旨】

本章告诫统治者要爱民助民，不扰民，不害民，不要与民结怨，不要用税赋来剥削百姓，不要用刑法来压迫百姓。以德化民，辅助人民，给予而不索取，不骚扰百姓，这是老子理想的政治社会。因为这才符合天道，也就可以获得天道辅佑。所以本章最后归结到期望做个有德自善之人，就可得天德福佑。老子在此强调的还是顺应自然，实行无为之治。

【注释】

❶和：调和，调解。❷余：余留，剩下。❸执左契：执，持有，拿着，掌握。契，即契券，古代借贷金钱、粮米等财物

都用契券。❹不以责于人:不用来向人讨债。责,索取偿还,即债权人以自己持有的左契向负债人索取所欠的财物。❺有德司契:有"德"的人就像持有借据的人(那样从容大度)。有德,指有"德"的人。司,掌管,主管。司契,指掌管契据的人。❻无德司彻:无"德"的人就像主管租税的人(那样追索计较)。彻,周代规定农民按收成交租的税收制度。司彻,指管租税的人。司契、司彻,都是周代贵族所用的管账人。❼天道无亲:自然的规律没有私亲。天道,指自然的规律。无亲,没有亲疏之别,没有偏爱。❽与:帮助。

【译文】

调和巨大的怨恨,必然会有余留的怨恨,这怎么可以说是做了好事呢?因此,有"道"的圣人,有如拿着借债的契据存根,却并不用来向人讨债。有"德"的人就像掌握借据的人(一样宽容大度),没有"德"的人就像掌管税收的人(一样苛刻计较)。自然的规律对谁都没有偏爱,总是帮助善良的人。

80

【原文】

小国寡民❶,使有什伯之器❷而不用,使民重死❸而不远徙。虽有舟舆,无所乘之❹;虽有甲兵❺,无所陈之❻。使民复结绳而用之❼。甘其食,美其服,安其居,乐其俗。邻国相望,鸡犬之声相闻,民至老死不相往来。

【章旨】

本章阐述了老子无为之治的社会政治理想。他用理想的笔墨,描绘了"小国寡民"的农村社会生活情景:人们抛弃一切先进的东西——器具不使用,交通工具不使用,武器装备派不上用场,甚至连文字也弃而不用,人们重回到结绳记事的时代,彼此互相观望,却到死也不往来。

这里集中表达了老子复古、倒退的思想,他不满现状,但又无力改变现状,因此幻想进入没有剥削压迫、没有竞争的原始社会。这当然是一种幻想,是不可能实现的。这种观点违背社会发展规律,是同历史发展背道而驰的。

【注释】

❶小国寡民：使国家小，使百姓少。小，动词，使……小。寡，动词，使……少。❷什伯之器：各式各样的器具。❸重死：即怕死、看重生命，不轻易冒生命的危险。重，看重，重视。❹虽有舟舆，无所乘之：虽有车船，却没有乘坐远行的必要。舟，船。舆，车。❺甲兵：指武器装备。甲，铠甲。兵，兵器。❻无所陈之：没有列阵示威的必要。陈，同"阵"，作动词用，意思是摆列阵势。❼结绳而用之：用结绳的办法来记事。

【译文】

国家要小，百姓要少。即使有各种各样的器具，也不使用；使百姓珍惜生命、看重死亡，不向远处迁移。虽然有船只车辆，也没有乘坐远行的必要；虽然有武器装备，也没有列阵示威的必要。使百姓再回到结绳记事的时代。让百姓都觉得自己吃得香甜，穿得舒服，住得安适，自我满足于朴素宁静的生活和习俗。邻国之间可以互相看得见，鸡鸣狗叫的声音互相都可以听见，但百姓直到老死也不相互往来。

81

【原文】

信言不美❶，美言不信❷。善者❸不辩❹，辩者不善。知者不博❺，博者❻不知。圣人不积❼，既以为人，己愈有❽；既以与人，己愈多。天之道，利而不害❾；圣人之道，为而不争❿。

【章旨】

本章是《道德经》的最后一章。

老子开篇提出了真假、善恶、美丑等矛盾对立的一系列问题，阐述了他一以贯之的辩证思想。

"知者不博，博者不知"是劝诫人们要谦虚谨慎，知之为知之，不知为不知，这在今天仍是至理名言。

文章最后，由"天道"推及"人道"，阐述要像天道"利而不害"一样，人道应该"为而不争"。在此劝诫统治者要想管理人民、治理国家就要尽力帮助百姓，多给予，少索取，以此而求得自我的满足。

【注释】

❶信言不美：诚实的言语是不华美的。信言，诚实的话，真话。美，漂亮，华丽。❷美言不信：华丽的言语是不诚实的。❸善者：善良的人。❹辩：善于说话，能言善辩。❺知者不博：真正懂的人并不卖弄。博，显示自己懂得多，卖弄的意思。❻博者：广博的人。❼积：指私自保留、积藏。❽既以为人，己愈有：尽全力帮助别人，自己反而更加充足。既，尽，全部。有，富有。❾利而不害：利物而不害物。❿为而弗争：帮助人而不与人争夺。

【译文】

诚实的言语是不华美的，华美的言语并不真实。善良的人不巧辩，巧辩的人不善良。真正懂的人并不卖弄，卖弄的人未必有真知。圣人不私自保留什么，他尽全力帮助别人，自己反而更富有；他尽可能给予别人，自己反而更丰富。自然的法则，是利物而不害物；圣人的准则，是帮助别人而不与人争夺。

图书在版编目（CIP）数据

老子 / 阚荣艳译注. -- 北京：北京时代华文书局，2018.7
ISBN 978-7-5699-2452-7

Ⅰ. ①老… Ⅱ. ①阚… Ⅲ. ①道家 ②《道德经》—译文 ③《道德经》—注释 Ⅳ. ①B223.1

中国版本图书馆 CIP 数据核字（2018）第 112394 号

老子

Laozi

译 注 者	阚荣艳
出 版 人	王训海
项目统筹	余 玲 高 磊
责任编辑	周海燕 陈冬梅
装帧设计	今亮后声 HOPESOUND pankouzyugu@163.com
责任印制	刘 银

出版发行 | 北京时代华文书局 http://www.BJSDSJ.com.cn
　　　　　北京市东城区安定门外大街 138 号皇城国际大厦 A 座 8 楼
　　　　　邮编：100011　电话：010-64267955　64267677

印　　刷 | 三河市兴博印务有限公司　0316-5166530
　　　　　（如发现印装质量问题，请与印刷厂联系调换）

开　　本	880mm×1230mm 1/32	印　张	6.5　字　数	120 千字
版　　次	2019 年 5 月第 1 版	印　次	2019 年 5 月第 1 次印刷
书　　号	ISBN 978-7-5699-2452-7		
定　　价	36.00 元		

版权所有，侵权必究